良师记

储朝晖 著

时代出版传媒股份有限公司
安徽教育出版社

图书在版编目（CIP）数据

良师记/储朝晖著.—合肥:安徽教育出版社,2023.12(2025.10重印)

ISBN 978-7-5336-5816-8

Ⅰ.①良… Ⅱ.①储… Ⅲ.①师德—文集 Ⅳ.①G451.6-53

中国国家版本馆CIP数据核字（2023）第126628号

良师记
LIANGSHI JI

出 版 人:王能玉
策划编辑:何　客
责任编辑:邰　旻
装帧设计:阮　娟
责任印制:陈善军

出版发行:安徽教育出版社
地　　址:合肥市经开区繁华大道西路398号　邮编:230601
网　　址:http://www.ahep.com.cn
营销电话:(0551)63683012,63683013
排　　版:安徽时代华印出版服务有限责任公司
印　　刷:安徽联众印刷有限公司

开　本:880 mm×1230 mm　1/32
印　张:9.25
字　数:175千字
版　次:2023年12月第1版
印　次:2025年10月第2次印刷
定　价:48.00元

（如发现印装质量问题,影响阅读,请与本社营销部联系调换）

目 录

代序 "名师"是歧路,"良师"是正途 / 1

郭齐家先生启发我知止近道 / 1

高谦民老师的"高"与"谦" / 35

赵振华:人品与学问价值永恒 / 41

潘传耕、杨淑媛:谜一般的人生 / 59

人师方前 / 76

周仕进、储茂连:好老师需要践行 / 89

隔代提携不遗余力:刘季平与杭苇先生对我的关怀 / 106

《脚印》钩沉忆忘年:戴自俺先生的童趣 / 112

行知路上师友情:陶行知事业的终身追随和开创者胡晓风 / 122

方明:忘年"陶缘"丝与缕 / 133

与朱小蔓师十六年"陶缘"相牵 / 161

与程仁灏十八载"陶缘"怎了 / 185

麦浪先生的真 / 189

伍棠棣:把研究报告写在孩子的成长上 / 198

宋恩荣:探明中国近代教育原貌 / 219

良师的细节 / 235

叶企孙:从好学生好老师好国民到大师与贤哲 / 244

王义遒:"我俩说话投机,都非常佩服叶企孙先生" / 259

附录 好教师必须是智慧的 / 275

后记 / 282

代序 "名师"是歧路，"良师"是正途

近年来，"名师工程""教育家培养项目"层出不穷，大学里的"帽子"更多，不乏邀请我当项目专家、评委的，着实为难了我。考虑再三，决定一吐为快，直言多年来的所见所闻所思，旨在对教师的培养或教师专业成长产生积极的作用。

"名师"场，选秀场

目前，社会各界对"名师"都有着极强烈的需求。家长希望自己的孩子能够进入"名师"门下，以获得更好的培养、成长和发展；学校需要以"名师"为招牌对自身加以宣传，提高学校的竞争力；教师希望自己成为"名师"，不只面子上好看，待遇亦会有质的不同，同时还能获得更多的工作机会；教育管理部门希望有"名师"，因为"名师"是管理者的政绩，"名师"越多越有名就越能显示出教育管理的优秀；教研部门希望有"名师"，这样有利于编写教参和复习等资料；社会希望有"名师"，这样人们才能增强对教育的信心；就连媒体也希望有"名师"，这样记者才有题材，版面和节目上才有内容……

于是"名师"辈出,各地各校都能看到"名师"专栏,贴有他们的照片,标有他们的业绩。当然,不同"名师"所占的位置、空间也是不一样的,特意的安排显示了尊卑差异,也显示了其背后的功利取向。眼下,多数学校想方设法制造着"名师"。有的学校设置了"名师办公室",出台了"名师"管理暂行办法;有的学校像选"快男超女"似的发动学生评选"名师";教育管理部门也层层评比"名师",除了形形色色的评优之外就是各种大赛,让教师赛课、赛论文、赛设计,赛与教师职业相关的各种可赛的内容;媒体也参与其中并大做宣传,优胜者自然一举成名;还有各地屡禁不止的考试成绩排名,每年都能排出一系列的"名师"。"名师"也分级别:国家级名师、省市级名师、地市级名师、区县级名师、校级名师……真是实实在在的选秀场啊!

异化的"名师"

虽然历史上教师多是默默奉献者,但也不能全盘否定教师成名。相反,作为教师的一员,我真诚地希望优秀教师能够脱颖而出,成为实至名归的"名师"。然而当下的"名师"以及与"名师"相关的一些行为已然走上了歧路。

这一点,只需看看这么多的"名师"是怎样出笼的便可了然。在各地各校雷同的评选标准和程序中,常用的关键句式有:充分发挥名师的示范作用和辐射影响,具有

"全天候"教学开放能力和水平，公开发表文章，承担市级以上的科研课题，具备"市学科学会常务理事长"资格，计划培养"名师"多少名，"名师"试行年薪制，"名师"办公室在区教育局党委领导下具体开展名师的评选、认定和管理工作，本办法解释权归"名师"办公室……

从各种办法的字里行间不难看出三个词：功利、计划、行政，即评选"名师"的动机是急功近利的短期行为，只能制造教师专业成长的泡沫；程序是事先计划好的，给你"名师"的名额就会有"名师"产生，各校当然争着要名额；能否当选"名师"，则是经过一些程序之后最终由行政部门决定。简而言之，它不是依据优秀教师内在成长和发展的规律，而是出于外在的、功利的需求。某个地方"需要""名师"时，"我要唱戏你来演个事先安排的角色，当然会给你甜头"的闹剧便会不断上演。

断定"名师"是一条歧路，重要的依据是它可能产生的不良后果。

首先，它对学生成长真的有益吗？这种评选直接冲击了正常教学。本来，教师做好教学工作的重要前提之一是了解学生，依据学生成长和发展的需要来组织、设计教学行为。不同学生的知识、能力、潜能各不相同，应该依据教师的教育教学对学生产生的有效影响的大小来评价教师，而非教学成绩。仅依据教学成绩评价教师，使教学脱离了学生的实际需求，教师不得不采取填鸭式、强迫式的教学方法来凸显教学业绩。这种评选造成了多地多校忙于作秀、忙于上公开课、忙于开会评比的不良现象。

其次，它对教师发展真的有益吗？现在的"名师"评选在价值观上存在误区，很多教师追求"名"而忽视"实"，追求外在而忽视内在，目光盯着各种优胜的标准而非学生的成长与发展需要。依据现在流行的量化标准进行"名师"评选时，不仅有可能对一般的教师产生误导，也有可能断送那些被评选出来的所谓"名师"的前途。因为他们大多还未达到"名师"的境界，还处在成长和发展之中，"名师"的光环使他们失去了成长和发展的自主性，断送了他们进一步发展的机会。这样的评比让教师之间关系微妙、协作困难，动摇了教师安身立命的根基，破坏了校园的教育氛围。

最后，被冠以"名师"的人，其能力经得起时间检验吗？"名师"的成长与发展是一个极为复杂的职业发展与生命成长过程，而不是一个简单的量化教学成绩的过程。教学成绩的量化只是成为"名师"必备条件的一部分，而且是表面的外在的部分。若评选"名师"流于表面，就会导致学校和教师把作秀般的公开课作为课堂教学改革的全部，把写论文作为教学研究的全部，把题海训练所得成绩作为教育的全部。这样做亵渎了"名师"的称号，不出数年，有些"名师"便会原形毕露。

有些实地调查更让人吃惊。有些学校的"名师"只是工具，是漂亮的装饰品，只在检查考察时出现，在公开示范时出现，在校际活动时出现，在为学校争取资源时出现。

也就是说,"名师"实际上很少或干脆不从事教学工作。大量的教学工作由那些没有名的教师做,这些教师即便是做了实质性的优质工作,也不能名正言顺地得其名。简言之,"名师"已经异化了。

至善乃"良师"

中国基础教育正经历一个从数量增长向质量提升的过程,在这一过程中,需要大量的优秀教师,而着眼于少数教师的"名师工程"会将它引上歧路。这与整个教育理念和管理体制直接相关,只有"悬崖勒马"的呼声是远远不够的。我只能告诉那些有良心、有责任感的教师与教育工作管理者:摆脱对"名师"的盲目追求,做一名实实在在的"良师"。"良师"不只是目标,更是可供每位教师自由探索的路径和广阔空间。

"良师"是相对的,对我来说是"良师",对你未必是"良师",所以,师生互动互促互进的效果是评价"良师"的核心关键标准。"良师"是要通过实践来体现的,不能仅凭静态的品行和能力评价就得出结论。学生心中真正的"良师"不仅学问高、能力强、品德好,而且更了解学生,有为学生的成长与发展扫清障碍的勇气。因此,教师只要潜心为学生的成长与发展服务,即使有这样或那样的不足,仍算是"良师";相对的,教师即使各种素质过硬,有类似"名师"的荣誉称号,但心思却游离于学生之外,也不能算是"良师"。

一个人是否能成为"良师",在于是否爱护、关注学生,对学生的爱与关注能唤醒教师的成长意识,激励教师不断前行;一个人是否能成为"良师",在于是否能走进学生的内心世界,那里有众多让人百思不得其解的教育难题,求解的过程便是教师的成长过程;一个人是否能成为"良师",在于是否能形成深厚的人生积淀。真正的"良师",会通过理性的判断确立自己成长与发展的路径,绝不外骛于一时的名利得失。

"名师"只是少数人的追求,"良师"则应该是每位教师不懈追求的境界!

(原载《中国教师报》2012年5月23日)

郭齐家先生启发我知止近道

1987年,郭齐家先生第一部著作《中国教育思想史》由教育科学出版社出版,我当时因对教育研究痴迷,就认真拜读了全书,并在每页上做了详细的圈点和笔记。这是郭老师第一次在我的脑海里留下深刻印象。

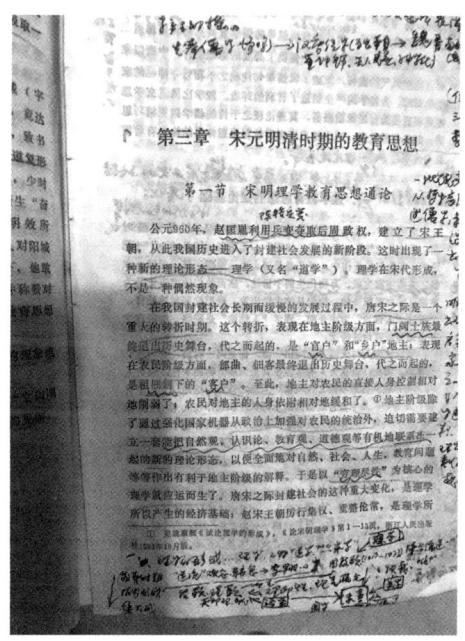

读郭齐家先生《中国教育思想史》批注

1996年10月,桂子山丹桂飘香,在华中师范大学召开的陶行知研究国际学术研讨会上,我第一次与郭老师相见。当时郭老师带着何光峰来参会,我不由得对何光峰心生羡慕,但当时仍不敢奢望有朝一日能成为郭老师的及门弟子。

不承想2001年,我幸运地考入北京师范大学郭先生门下读博士,赶上趟成为他的关门弟子,从而有了我"二十年前入陶门,二十年后入郭门"的奇妙经历。偶然间,我发现,陶行知先生和郭齐家先生都是10月18日出生,不能不惊异于上苍竟然安排得如此巧妙,两位在我人生中相隔二十年的关键点发生重要启迪作用的人竟然正好相差四十七年先后来到人世间。

一、二十年前后的两次入师门

能到郭先生门下成为他的学生是我一生中幸运的事。在郭先生七十寿辰的会上,我曾跟师兄弟们说起自己"二十年前入陶门,二十年后入郭门"的经历与体验。过了知天命之年回首往事,深深地感到这是我人生中相隔二十年的两个关键点,也是两种不同的启迪与收获,两个正中我的生涯节拍的动力来源。

1981年,我作为一名物理系的学生,因为在屯溪看了一次陶行知的生平事迹展览而迷上了陶行知研究,并在工作后做了十七年的专职陶行知研究。在研究中,一方面参与《陶行知全集》编纂工作并做史料文献研究；一方面依据陶行知注重践行的精神做了大范围的实地调查，参与教育改革实验，在力所能及的范围内把文理融合起来。

1992年，我忙完《陶行知全集》的编辑工作后，有老师让我直接读他的博士。我在北京、上海、武汉、南京、成都等地看到过当时博士们的生活境况——他们都住筒子楼的集体宿舍，待遇低，生活艰难，就没有从命。后来我又错失了几次工作变动的机会，有些消沉，但是对自己进行学识拓展的动力依然在。我分析了自己知识结构的缺失，在继续调查实验的基础上，想努力朝教育理论和教育史方向做适当偏转。

1996年，我第一次与郭老师在会上见面时还不敢直接提出到郭老师门下就读的想法。当时因为已经仔细读过郭老师的《中国教育思想史》，知道郭老师是教育史方面的名师，而我关注的是近现代教育史及当下的教育实践，客观上我们关注的对象在时间段和内容上是有所不同的。我当时看到何光峰能成为郭老师的学生与郭老师一起参会，虽然很羡慕，但是还不敢有拜在郭老师门下的奢望，也没有真正实现内心的对接，就没有开口做任何想做郭老师学生的表达。

在南京师范大学读硕士的时候，因为我以责任编辑身份参与班华老师主编的"21世纪班主任文库"的编辑出版工作，所以经常到班华老师家去，以致师母说听到楼梯上的脚步声就知道是我来了。我对班老师的为学为人也十分崇敬，于是在 2000 年初产生了报考班华老师的博士的想法，也直接和班老师说过，他表示欢迎。我便办了报名手续。

可是不久后的一天，班老师找到我说："储朝晖，这段时间对你了解了，学术能力不错，也希望你能跟我上博士。只是南师大有个不成文的规矩，博士生导师要先尽可能招本校教师进修读博，现在报考我的博士生共有八人，本校教师占了一半，为了不耽误你，建议你也报个其他高校。"

这确实是个负责任而又关键的提醒，因为在此之前班老师已经指导过我要重点研习哪些著作，其中印象深刻的是他认为教育哲学应该看陈友松先生主编的《当代西方教育哲学》，而不是看当时很流行的另一本教育哲学著作。陈友松先生 1956 年 10 月 16 日在《文汇报》上发表《陶行知的教育遗产是新中国教育学的源泉之一》一文，并被多家报刊转载，为他自 1951 年就受到批判的哥伦比亚大学学长陶行知鸣不平，结果 1957 年陈先生被打成"右派分子"。1988 年，我到北师大登门拜访过陈先生。当时他双目失明，听说我这个青年人研究陶行知，年近九旬的他很热情。他主要说美国教育界怎样评价陶行知，没有提起我最想了解的 1957 年他因写文章而遇到挫折的事。我又因难以启齿，没有直接问这个问题，故而留下带着遗憾的深刻印象。

班华老师的话让我不得不重新考虑另报一所学校。2017 年 5 月，我与班老师在乐山见面，说起这段往事依然感慨良多。经过几天的反复思考，我从 1996 年会议通讯录上找到郭老师家的电话，鼓起勇气给郭老师打电话，并进行了简要的自我介绍，不料郭老师还能记得我。当我说想报考他的博士生后，郭老师比较简要地介绍了怎样准备考试，并指明了要深入研读的书籍和资料。我特地问郭老师："现在有多少人报考您的博士？"郭老师的回答很干脆："你不要问这个，好好准备就是了。"

待到2001年3月，我从安徽到北京师范大学参加考试，才知道，那年报考郭老师博士生的有十八人，人数远比报考班老师的多，压力远比报考班老师的大。我对能否考上真无把握，考过后回去也就照常安排工作。大约等到5月份，郭老师给我打电话，大意是说：你的考分达线了，如果要上就只能自费，享受不到公费了；如果你能承受就上，如果不能承受也不要勉强，学校就考虑录取其他人，并要求在限定的时间里给个回复。当时确实两难，我的工资每月一千元刚出头，一年要交一万元学费，一家三口的生活就无着落了；如果不上，我这辈子就不可能进到郭老师门下了，以后再考博士的可能性也不大了。

正在犹豫之际，我在南京师范大学读硕士时的导师高谦民老师得悉我的情况后，鼓励我克服困难去北师大读博士。

就这样，我最终打电话给郭老师说自费也要上。2001年10月，我到北师大报到，交完各种费用后，家里只剩一千三百多元了。爱人要我身边放八百多元吃饭零用，她和孩子只留了五百多元，并让我吃饭不要节省。而我到北师大报到后才知道，这年郭老师招收的其他两位博士生郭德侠、王雪峰也是自费的（这个年级教育史专业的两个公费指标没有一个给郭老师的），另有一位韩国同门师妹李庚子，我们四人成为郭老师的关门弟子。这些情况更让我铆足了劲好好学习，不能辜负郭老师。

回想起来，1981年入陶门是自己凭少年意气冲进去的，陶行知先生除了他的思想魅力吸引我之外，在这个过程中并不能发挥什么作用，我是私淑弟子；进郭门则是郭老师手把手把我"牵"进来的，没有郭老师的指导和在关键环节的帮助，我是进不来的。

二、知止近道的关键指引

记得在考博士面试的时候，一共二十多个人参加面试。王炳照老师主考，郭老师和乔卫平老师坐在办公桌对面，王建梁师兄负责在前一个人面试结束后叫后一个人，其他同学大约要七八分钟才能出来。我进面试的那间办公室后，王老师提的问题是："看你以前的工作和学习经历都不是教育史，你怎么想着来报考教育史专业的博士？"这是我应考前没有在任何资料上看到过的问题，我只好按自己原本的想法直说："历史是门大学问，很多人说胡适是文学家、哲学家等各种家，胡适都否认了，只认可自己是历史学家，这就是证明。我以前做得较多的确实是教育调查、实验和实践，也做些与陶行知相关的历史研究。这些年我感到这些只是教育的一个截面，学教育史就是想从纵向把我所知道的教育串起来,变成一个连续体。"我话音刚落,王老师就说"行了",并征求其他老师要不要问问题,郭老师和乔老师都笑着摇了摇头。

不到三分钟,我就走出了面试的那间办公室,心里七上八下。我的面试怎么就只问一个问题?时间怎么这么短!不知道王老师所说的"行了"是什么意思,是通过了还是没戏了。从北师大博士毕业后,我常见到王老师,便找了个机会问王老师当年弄得我不安宁的"行了"是什么意思,王老师对我说:"你的一个问题就回答得很到位,没有必要再问了。"

确实,我到北师大郭老师门下求学就是希望自己通过教育史的学习获得对古今中外教育的整体性认知。陶行知当年办教育就开了一门"十字教育"的课,内容是给学生纵向讲教育的古今,横向讲中外的教育,构成一个"十"字。我就是抱着这个想法走进北师大郭老师门下的。

到北师大报到后不久,郭老师就召集我和同年进来的郭德侠、王雪峰到他家,在简要了解了我们的生活和家庭情况后,提出了一些要求,要求我们填写培养计划表,并给我们每人一份研读学习的书目。

郭老师不只关心我们的学业,还经常问起我们的家庭和生活情况。他的言行对我的触动更大。有一次郭老师从广东出差回来,广东的两位师兄告诉建梁师兄,郭老师带的行李较多,需要去机场接一下。建梁师兄在校园里遇到我,就把我叫上一起打车去首都机场。那次郭老师是与中国教育学会郭永福老师一起回来的，一见面郭老师就吩咐我俩也帮郭永福老师搬些行李。待郭永福老师上车后，郭老师再和我们一起打车回北师大。下车时，郭老师争着付车费，被建梁师兄抢先付了。待我们把行李搬到郭老师家里后，郭老师突然问："你们去机场的车费是谁付的？"我对这个提问很惊讶，示意是建梁师兄。郭老师二话不说，掏出二百元一定要塞给建梁师兄，并说："你们去接我，怎能要你们出车费呢？如果这次不收，以后我到哪里都不要你们去接我了。"争了几个回合，扯得无奈，建梁师兄只好说没用到那么多钱，当时去机场打车单程大约六七十元，来回也就一百多块钱。郭老师坚持说："就这么多，不要找了！"并顺手把我俩推出门外。在回宿舍的路上，我和建梁师兄都感到不好意思，此后我们都怕再出现这样的情况，也就再未去机场或车站接送过郭老师。也许郭老师硬要给超出实际使用车费的钱，正是因为内心不希望到哪里都有前呼后拥的学生们接送。

众所周知，博士学习阶段最为关键的环节是开题和答辩，这两个环节郭老师都给了我关键性的指引。

在选题前我反复思考过，如果选一个近现代教育史的题目，我不需要费多大的力气就能写篇博士论文，但我觉得跟郭老师读博士就要学到郭老师的长项。郭老师的长项在古代教育史，所以我一定要选与古代教育史相关的选题，而选古代教育史的选题则需要花较大的功夫。另外，我做了近二十年的调查，得出一些对中国教育问题的基本看法，这些最好也要用上。在我的调查中,对基础教育调查量大,对这方面问题的看法比较多,也比较突出,但这方面与郭老师的研究方向关系不大。结合当时的史料查阅,在与郭老师做过几次沟通后,我逐渐将主题聚焦到了大学的理念和价值取向的历史研究上。这样考虑的主要依据是:虽然我在高等教育方面的调查比基础教育少,但我几乎到过当时国内主要城市的所有主要高校,对大学制度和大学精神有过深入的思考。而制度研究不是郭老师深入研究的领域,教育思想才是郭老师研究比较深刻的领域,于是我只能选择大学精神这个中国大学发展遇到的关键性问题,做自古至今贯通下来的历史研究。

经过一段时间的思考,我鼓起勇气向郭老师明确提出将中国大学精神的历史研究作为我的博士论文选题,并简要讲述了我的基本想法。郭老师听后第一个反应就是:"这个选题很难啊。"这句话让我变得更冷静。接着郭老师问了几个问题:"什么是大学精神?什么是中国大学?什么是中国大学精神?与中国传统的学问是什么关系?国外有大学精神吗?"我庆幸郭老师没有完全否定我的选题,针对郭老师提出的问题,我再去查资料,最终还是用这个题目写了开题报告。

在2002年举行的开题会上,我们同年进入北师大中国教育史专业的六个人一同开题,我的开题报告是会上受到各位老师质疑最多的。郭老师在开题会上却没有对我的开题报告提出任何问题,在其他老师提出质疑的时候,郭老师仅是坐在那里笑,或一言不发。其他几位同门的开题报告在老师们提出一些问题后几乎都顺利通过,唯独我的开题报告陷入胶着状态,甚至有人直白地说我这个题目无法写出博士毕业论文,当时室内的空气几乎凝固了。一段时间后,我正处在高度紧张之际,王炳照老师慢条斯理地说:"你还是写大学精神吧,开题报告要重新修改。"并讲了一些重新写的要求,或许是觉得只让我一个人修改不好,王老师又带了一句:"秦学智的也要修改一下。"

现在看来,我应该非常感谢当时各位老师的质疑。开题会后,我又到郭老师家,郭老师对开题报告如何修改做了一些指点,主要是原来我对大学精神的内涵想得太宽了,把它对于大学发展的作用估计得太大了。郭老师为我设置了一些边界,明确指出哪些问题就别写了。我修改后再做了一次提交,也就没有老师提出什么问题了。

更大的挑战是在论文写作过程中,我花了大量时间阅读了与这一主题相关的古代文献,同时充分结合自己此前在对大学的调查中所感知的大学问题,利用自己的理科功底对资料进行量化分析,个案研究,聚焦问题,不断调整框架,简洁表达,用各种史料反复验证《大学》中"大学之道,在明明德,在亲民,在止于至善。知止而后有定;定而后能静;静而后能安;安而后能虑;虑而后能得。物有本末,事有终始。知所先后,则近道矣"这段话对中国大学的影响,并从中提炼出"士志于道"为各派学者共同认可的价值模式,"明道济世"为学人入世的基本路径。每获得一点新的体悟,我都十分高兴。

2003年春节前,完成论文初稿后,我打印出来送给郭老师看;春节后,郭老师提出了一些意见,我又进行了修改。在送审的过程中,与开题时的情形似乎倒过来了,各位老师对我的论文基本没有提出什么大的修改意见,而选择写近现代教育史主题论文的其他几位同学被老师们提出了众多的问题,以致有同学不能按时答辩。

在论文写作过程中,郭老师对我最大的帮助是他以自身的言行让我在论文主题和自己思想上一步步逼近"道",领会中国文化和大学精神的根实际上是"道"。越来越明确为学所止,反复比较《大学》原文"止于至善"和陶行知提出的"止于人民之幸福",在自己分析、体验的基础上确定并内化出为学所止,当然也在一定程度上实现了当初我想将自己对教育的平面理解立体化的目标。

我的博士论文写出后获得较多专家的好评,2006年被山西教育出版社列入其他各本基本上是全国百篇优秀博士论文的一套丛书出版;2010年再版,获得全国教育科学研究优秀成果奖二等奖。有一位大学校长曾跟我说:"你这本书很好读,内容是古代的,所讲的问题都是当下的。"此前我还未曾这样想过,细想这位校长概括的特点还真是简洁准确,或许正是这样的特点使这本书获得较多读者的认可,这里面包含着郭老师和其他各位老师的指导与帮助。

三、弘道途中的点拨与关爱

2004年从郭老师门下毕业后,我们与郭老师的联系还是经常的,每年新春都有聚会,有特定的事则通过电话联系。有了微信后,我们建了个"郭门弟子"群,联系起来很方便。平常各忙各的,也不会烦琐地天天问候,有事就随时联系。

受陶行知强调"所写、所信与所行一致"的影响,我既然写了有关大学精神的博士论文,就真的想实现文中所立下的"为中国大学立心"的志愿,并用自己的言行力求接近目标。而这条路上的坎坷自不待言,郭老师总能在一些关键点上给我点拨。

2004年后,我继续通过调查、讲座、在大学里开展各种活动以及其他的形式进行大学精神的研究和弘扬工作,有机会见到郭老师就交换一些意见,并在博士论文写作的基础上积累写成《中国近代大学精神史》。郭老师2012年在珠海为该书写了序,人民教育出版社于2013年将该书列入郭老师等人任学术顾问的"中国近代教育专题史论丛"出版,随后该书也获得了全国教育科学研究优秀成果奖三等奖。

由于我长期做社会调查,对教育的各方面情况了解比较全面深入,又不愿戴着面具说话,每当各种教育问题发生时,我就会成为媒体追问的对象;而各地政府想进行某项教育改革的时候，为减轻舆论压力，也会主动邀请我去沟通情况。有一次，北京市在出台一项政策时竟然将我的电话公布给到会的所有媒体记者，说有问题可找储朝晖。于是几乎国内的媒体都知道我的电话，遇事我常常被推上风口浪尖，甚至险象环生，我自己则常常为寻找既能坚守学者底线又能安全平稳的边界发愁。有一次我在郭老师家谈及这个情况，郭老师给了一个极简短的回答："只要你说的是教育问题就没有事。"这可是一个表达极精炼、内涵很深刻的说法。后来我守住这条底线，在高考招生改革等不少举国关注的重大问题上发表我的真实看法，或许与当时主流的看法不一致，但我心里未曾产生不安全的感觉。

郭老师对我的一些说法未必赞同，但他没有给我打招呼说什么不能说，或者要小心谨慎之类的话。有一次他还说在珠海常听一些学生说，在这个问题上储朝晖怎么说，"人家都把你说的话当权威来引用了，我听了也高兴，储朝晖是我的学生呀"。

我前后三次因事到北师大珠海分校，每次都去郭老师家里看望郭老师，第三次去，郭老师不在珠海。我们谈教育的各种问题，郭老师铿锵有力地说："很多人绕来绕去，总是在枝节上做文章，好像学问很高深，其实造成中国教育众多问题的原因不复杂，只有一个……"郭老师点出了根本问题所在。我当时虽然对此问题早已心知肚明，但像郭老师这样直白地说出来，还是让人感佩不已。我理解郭老师也是在给我鼓气。

郭老师还经常通过他的关爱给我们力量。2012年我的右眼视网膜脱落后,每次见面,郭老师和马老师都要关切地问我的眼睛情况;2016年我左眼做白内障手术出现意外,又导致视网膜脱落,前后做了三次手术,术后动静脉阻塞,视力一直不好,郭老师和马老师更是关心;2017年新年我到郭老师家,他亲自帮我调理。

不少认识郭老师也认识我的人常说我在很多方面都很像郭老师,这显然是对我的夸奖。从我的角度看,郭老师在很多方面也像他所崇敬的孔子,像我所崇敬的陶行知。在郭老师的影响下,我确实想学习他的风范与使命感,学习他的为人与为学,学习他的勇敢与坦诚。或许有点像,但我感到我们这些弟子像郭老师还像得不够,差得还太远。

四、从思想切入探索中国古代教育

1938年10月18日(农历八月二十五),日军侵华的炮火正接近武汉(一周后武汉沦陷),郭齐家先生出生在武汉的一个儒商家庭。祖父郭正堃从武昌高级商业学堂毕业后考取官费日本留学生,却因家庭负担重未能成行,之后任湖北美术高等学校总务科负责人,再后来干脆做生意,并热心公益,乐施不倦。在当时,重视中国传统文化的人分新旧两派,旧派重视传统继承,主张读"四书五经";新派受新文化思潮影响,懂英文、数学,主张读《古文观止》。郭正堃属于新派。郭齐家幼年一直与爷爷生活在一起,爷爷总以仁义礼智信教育孙辈,早期家庭教育和学习为郭齐家深入探索中国传统文化打好了"童子功"。

在少年阶段,郭齐家身体一直较弱,早期成绩平平,到初中二年级开始懂事后,加之家庭经济日渐困难,上进心使学习成绩越来越好。他考入当时湖北最好的高中湖北省实验中学,1956年考入北京师范大学教育系。

1956年9月,郭齐家进入北师大学习。但直到1959年春天,郭齐家才和同学们重回课堂,享受着毛礼锐先生、陈景磐先生、邵鹤亭先生、瞿菊农先生四大教授同讲一门中国教育史课的教育大餐。在经历了近十年中国大学一边倒学苏联,不开中国教育史课之后,中苏关系变化造就的这种机会为郭齐家和同学们研习中国教育史搭建了平台,这也是中国当时这一学科的最高研究起点。

当时,郭齐家"总觉得教育史还是比其他课程深奥一些。尤其是中国教育史,又没有教材,老师讲到古代的东西,引用什么话,孔子什么、墨子什么就听得不是很明白。上课的时候没有教材,也没给我们发讲义,就在黑板上写了一些讲授的内容提纲。当时我们的古文水平也不高,老师要是没有板书,我们就更不知所云。实际上我们听了这些课程,真正记住的东西不是很多。要是上课前有个讲义或教材就会好一些"。这种不足感为他进一步探索研究中国古代教育史预备了动力。

1960年7月,郭齐家与二十多个同学毕业后留在了北师大,他留在教育系教育学教研室任实习助教。1961年4

月召开的高校文科教材会议决定由北师大教育系编写中国教育史教材,教育系把郭齐家从教育学教研室调入教育史教研室。他得以有机会给陈景磐、毛礼锐、邵鹤亭、瞿菊农四位先生当助手,借书、找资料,参与了当时这一学科国内最强专业团队的工作,还给教育系本科生讲中国教育史,给教育史研究班上课。毛礼锐先生后来说道:"那时我就觉得他是一位勤奋好学的青年,我有意培养他,给他压任务,让他早上讲台,果然有效果。"

为了编好这套教材,1961年6月,北师大陈垣校长出面邀请当时国内著名的历史学家范文澜、翦伯赞、邱汉生、金灿然、林砺儒召开座谈会。郭齐家说:"那次座谈会对于教育史教材编写来说,就是一个思想解放运动……给我们的教授们带来了很大的动力。"然而,这次思想解放并未立刻修成正果,在经历了多次备课、讲课的循环后,这套教材直到1978年才由人民教育出版社出版。

对在教学中遇到的拿不准的内容,郭齐家就向当时在资料室工作、国学功底深厚的程舜英先生请教,到中文系听陆宗达先生系讲《孟子》,精读各种史料,总结出在课堂中用大量史料来教学的要诀。在接下来的十余年里,运动、劳动、疾病左右折腾着郭齐家……

1977年,郭齐家结束在武汉家中养病的日子再次回到北师大,被安排在资料室工作。通过练气功,他的身体逐渐强健起来。1982年,他再次登上讲台讲课。由于他讲课深受学生欢迎,引发《北京师大》报记者来听课采访。当时正处改革开放初期,学生学习积极性高,听课很认真,这激发了郭齐家对过去二十多年中国教育史教学与研究的系统思考。为了给学生提供更丰富的教育史知识,他开始自己编讲义,将孔子、孟子等教育家关于教育对象、教育目的、教育方法的论述分别列述。以这种条理清晰、资料翔实的方式呈现给学生,既方便教师讲解,又有利于学生依据这些史料自主理解,加上他讲课真诚而又风趣,学生的学习兴趣更浓。

经过几轮教学的修改充实,这些自编讲义成为郭齐家的第一本专著《中国教育思想史》,1987年由教育科学出版社出版。该书尽力解决此前对中国教育史简单化、单一化,批判多、肯定少的问题,毛礼锐先生对这部"多年从事教学和研究的结晶"评价很高,"总的说,我觉得这本书写得是好的……既写了古代教育思想,也写了近现代的教育思想,是解放后第一本从古到今专论中国教育思想发展史的书……它既重视教育思想史料的挖掘和整理,也重视对这些教育思想史料的分析和驾驭。它既对每一个时期教育思想总的倾向和特点加以概括和说明,又抓住每一位教育思想家的个性有重点地论述,而不是千篇一律、千人一面、毫无特色。它既吸取了前辈人和当代教育史学界的研究成果,也有不少自己独特的分析和创见。书中还采用了比较法,如对孔墨、对孟荀、对儒墨道法、对程朱与陆王的教育思想有比较的分析,还有中与外比,前与后比,这也是我多年提倡的。总之,本书对中国教育思想史进行了较深入的论述，取材较博，分析较密，提要钩玄，得其要旨，具有较高的学术水平，对'中国教育史'学科建设也具有一定的价值"。

简言之，这本书既改变了当时对数千年丰富的教育思想不重视、简单否定，忽视其在整个人类发展史上的意义，看不到其在人类文明进步中的作用，一边倒、以偏概全的倾向；又开启了对中国教育史从教育思想、教育制度以及各专题进行多角度、多侧面、多层次、多方法、多领域、多途径研究的先例。该书在1988年全国第一届优秀教育图书评选中获一等奖，在1989年全国首届优秀教育理论著作评选中获优秀奖。1990年，台湾五南图书出版有限公司出版了该书的中文繁体字版。外文出版社于2006年和2009年出版了该书的英文版。

五、以儒家为主完整理解中华传统文化

由于儒家学术在中国教育历史中的比重远远超越其他各家，因此中国教育史学研究者的研究对象和内容自然偏重儒家。郭齐家先生对中国教育史的研究循着这条路径，从儒家入门，对儒家学说的研究相对偏重，将孔子研究作为中心和起点。

《中国教育思想史》明确指出："我国最早的教育思想，是载于《尚书·周书》中的箕子、周公的教育思想……但是箕子和周公的教育思想，仍夹杂在他们的政治思想之中，

尚没有系统化。真正系统化、形成独立体系的教育思想，还是从孔子开始的。"全书在清代以前的部分用了百分之九十以上的篇幅论述儒家的教育思想，在春秋战国时期仅仅用两个小节阐述"墨翟的教育思想"和"儒墨道法各家教育思想之比较"，篇幅约占五分之一；在自汉代至清代的时段中，仅有"嵇康的教育思想"一节讲的不是儒家的教育思想，篇幅约占百分之五；在占全书五分之一篇幅的近现代教育思想部分也间或讲儒家的教育思想。这样的结构比例与中国历史上教育思想的实际呈现状况基本相符，又在一定程度上偏重了儒家，薄待了道家、法家、阴阳家等各家的教育思想。

尽管如此，郭先生还是尽可能地从人类文明发展的视角看待中国重视教育的优良传统和古代灿烂的文化，同时也能看到中国教育思想的发展"是具体的、历史的、丰富的、多元的、多民族的、多地域的、多层次的立体网络"，其中"儒家教育思想占有突出地位"。

郭先生理解的儒家教育思想"不是静态的、狭窄的、一成不变的，而是一个动态的、历史的、涵盖面很广的范畴，具有包容性、延续性和浸透性的特点"，从孔子、孟子、荀子到《礼记》，遇到过各种文化的撞击与融合；董仲舒提出的"独尊儒术"被汉朝廷采纳后，又经过魏晋玄学的冲击，再经韩愈的复道，宋初三先生的疑传和疑经，形成程朱理学和陆王心学两股不同儒学传承的教育思想，是儒学与道家、玄学、佛教文化长期融合的产物。郭先生将这个思想跌宕起伏、交错渗透的历史简要而又精准地勾勒出来了。

对儒家教育思想本身，郭先生认为"是以道德教育为轴心，不甚追求自然之所以的非宗教体系"。与欧洲传统教育思想和印度传统教育思想相比，儒家教育思想的显著特点是教人如何"做人"，如何实现"修身齐家治国平天下"的理想，追求"同天人""合外内""天人合一"的最高的、理智的幸福。儒家教育思想是一种群体本位的追求"乐感"的乐观教育，"即高明而道中庸"，追求自律而反对他律。因此，儒家教育思想"限制了实证科学的发展"，使教育与科学技术脱节，"既给我们民族增添了光辉，也为我们民族的进一步发展设置了障碍；它是一笔巨大的精神财富，也是一个不小的负担和包袱"。应当扬长避短，以有易无，把历史的经验教训当作探索教育发展问题的"历史顾问"。

1978年后，已过不惑之年的郭齐家先生觉得对传统文化的理解"开窍"了，原来认为讲中国教育史是为了传递知识，为了学生将来考试，"特别是读了《金刚经》《心经》以后，我觉得自己对传统文化的认识有了提升。我觉得中国文化，不仅是一种知识，这知识背后还有一种精神，一种理念"。后来，郭先生的变化是"逐渐从绝对的知识系统里超越出来，特别是对研究生的讲课，课堂讲授的知识要包含一种做人的东西，终极的目标是人文的关怀、终极的关怀"。

郭先生认为，中国古代教育是多元并进的。中国古代文化是靠教育传递下来的，中国古代各家学派都十分重视教育，文化的多样性决定着教育的多样性，其中最主要的是孔孟、老庄、墨翟，后来引进佛学，它们在各个历史时期交错发展；官学与私学的同时发展和竞争又使得具有层级特征的教育与文化竞相峥嵘，官学的相对保守、稳定、单一与私学的千姿百态、盛衰多变使得中国古代文化有延续性而又不断走向新的灿烂，私学常常成为进步的强劲动力。郭先生还对古代的管子、文种以及现代的唐文治、雷沛鸿等人的教育思想和实践加以研究。从历史纵向看，郭先生对春秋战国时期和宋明时期两个儒学发展高峰的教育文化研究尤为深刻细致。

郭先生以治儒学为主，也涉猎道家、佛家。讲课时，他在讲解儒家经典及其注解的基础上，分门别类阐释道家、佛家对于同一问题的看法，旁征博引，显现通达、圆融的思想境界。他真正用生命在体悟学问，常介绍自己在忧患之中按照儒释道的智慧指引调节身心，修身养性，最终走出了人生阴霾的经历，引导学生能够真正将学问落实到生命里，夯实传统文化中最为根本的"性命之学"。这也让他由衷地认识到传统文化的宝贵与价值，最终在强烈的家国情怀的驱使下以弘扬中华传统文化为志业，一以贯之，鞠躬尽瘁。

郭先生认为各学派对人的发展产生的作用各不相同，习儒通过存心可以立诚。人要活得有尊严、有价值、有意义，要建立道德人格，要树立修养人品。作为儒家思想集中体现的《论语》，不仅能告诉我们做人的道理、做人的要求、做人的方法，还能使我们获得做人的乐趣；学校教育不能仅仅是知识教育，而要以健全完整的知识教育为基础唤醒心性，确立真诚。

学习道家主要是通过修心的方式达到悟的境界。老庄认为有道德的人是朴实的，要去掉贪恋和妄想，保持人类原有的天真，主张恬淡为上，知足淡泊，为而不恃。人只有活在自己的责任和义务里，不贪求身外之物，才能保持心智清醒，才能达到悟的境界。

了解佛家主要是通过明心到达觉的境界。郭先生自己读佛经，且读有心得。

立足于对中国传统教育"综合观"的体悟，郭先生认为中国传统儒释道三家经典体现的是普遍的和谐，圆融无碍的生命智慧。他看到了儒家德性、礼乐教化的智慧："通过修身实践的功夫，尽心知性而知天。通过'存心'，做一个好人，清理显意识。"他看到了道家空灵、逍遥的智慧："超越物欲，超越自我。强调得其自在，歌颂自然生命以及生命自我的超拔飞越，肯定物我之间的同体融合。通过'修心'，做一个修炼人，净化潜意识。"他看到了佛家解脱、无执的智慧："启迪人们空掉外在的追逐，消解心灵上的偏执，破开自我的囚笼，直悟生命的本真。通过'明心'，做一个明白人，趋向无意识。"

郭先生以儒家研究为主却又不囿于此，以比较开放的意识接纳各家学说，完整理解中华传统文化。他一方面拓宽了对传统儒学的理解，另一方面积极回应当下社会生活中遇到的问题，用生命教化的智慧这份珍贵的"中国教育的思想遗产"为中华优秀传统文化引入现代生活创造了条件。

六、带着优秀传统文化走进现代生活

2000年后，郭齐家先生以极大的热情、强烈的使命感投入弘扬中华优秀传统文化的事业中。他曾平静地自述："开始致力于在社会上普及传统文化，在图书馆讲课，也在社会上讲。""对我个人来说，这个时候的文化其实已经进入到信仰层面了……我们学习中国文化，不光是要学习知识，重要的是要安定心灵，让我们的心灵沉静下来，不那么浮躁，我很看重这一点。"

早在1985年，郭先生在工作之余就参加了孔子研究所的一些工作。1989年，中华孔子学会正式成立，郭先生任副秘书长，后任副会长。该学会与数十个国家和地区的学者和各界人士保持着广泛的联系和良好的合作关系，由此郭先生看到中华优秀传统文化在增进各国人民了解和友谊中的积极作用。郭先生在广泛交流中从哲学、历史、思想、文化、中西对比、古今对比等视角拓宽了对中华优秀传统文化的认识，不再仅仅从教育史的单一视角看待中华优秀传统文化，而是认为"优秀传统文化始终是中华民族的一种精神生命，是支持我们前进的力量"。

正因为此，郭先生不遗余力地弘扬中华优秀传统文化，到大学给大学生们讲，到社区给老百姓讲，到国家图书馆给干部们讲，到中小学给少年儿童讲。

郭先生曾对新文化运动后中国教育现代化的各种思潮和实践进行过深入研究，认为："必须重新认识传统文化与现代化的关系。传统与现代化既有一种对立、对抗的关系，也有一种包容、延续的关系……传统可以作为现代人的一种'资料''资源'，如果运用得好，还可以变成现代发展的一个'动力资源'。现代化不能经由全盘打倒传统而获得，只能经过对传统的创造性转化而逐步得到。"他分析当下社会的问题，认为症结在于人们在追求现代化的途中误入功利、浮躁的歧途，因此需要用民族自身的优秀传统文化来安定心灵，于是就自觉地弘扬优秀传统文化。他一方面通过写文章阐明优秀传统文化的价值、意义，如何用它解决现实生活的问题；另一方面直接通过讲课、讲座、编写读本等方式在全社会有意识地宣传优秀传统文化。

大约在2003年，中国人民大学的一位年近八旬的老教师要举办一个大型活动。她得知我是郭先生的学生，就期望很高地要我请郭先生来讲传统文化，郭先生欣然答应。在活动现场，那位老教师把我拉到一边，十分内疚地说这次活动经费超支了，给不了郭先生讲课费。讲座结束以后，我在和郭先生一起回北师大的路上告诉郭先生这一情况，郭先生坦然地说："人家那么大年纪，就是给讲课费我也不能收哇。"他多次说："在推广传统文化上……不论是谁请我，只要我能够讲的，我都可以去讲，我们普及传统文化的目的不是赚钱，因而我讲课不计报酬……该我做的，我们都要去做……"请他讲课的有各地的政府、大学、电视台，也有街道、中小学、民间或个人发起的聚会，他根据不同的听众用不同的方式讲不同的内容，将优秀传统文化与每个人现实生活中遇到的经济、教育、养生、家庭、廉洁等问题结合起来，讲有新意，听有所获，使优秀传统文化与每个人生活目标的实现息息相关。

郭先生到处宣讲优秀传统文化完全源于他内心对中华优秀传统文化的一片温情与敬意，更是他作为学人的时代使命与担当。行走在知识与信仰之间，他认为讲课是"己欲立而立人，己欲达而达人"的践行，练功是铸就"致虚极，守静笃"的道骨，与人交谈是养成"拈花微笑"的佛心，无处不体现着"兴慈运悲，不舍众生"的情怀。他用强大的人格魅力、对传统文化的执着信念感染着身边的人。他用中华优秀传统文化来解决当下的社会问题，陶冶现代人的性情，治疗现代人的心理疾病，通过经典来养志、养心，认为传统文化是人"真正安身立命的精神支柱，是人之所以为人的依据。我们学习《论语》《老子》等文化经典，不仅仅是为了增长见闻，或者附庸风雅，而是为了安顿自己的身心，涵养自己的性情，接上民族的传统，使自己在天地之间可以站得稳、行得正，在纷纭的世事中找到一处心灵的乐土，在'天人合一''知行合一''情景合一'中追求真善美的互诠、圆融无碍的人生境界"。

郭先生认为："人的先天之命在最近这一阶段上是直接由父母孕育的，虽然人出生后就独立于父母之体，但人的根还扎在那里，数还存在那里，故而孝敬父母实际上也是在培固自己生命的根基。在道家看来，一个人的生命是由大自然和祖祖辈辈等诸多的时空因素演化而成的，它不是孤立的，它是一条前因后果长线中的一段，一个诸多因素联系网或球上的一点。"

2004年，郭齐家先生于北师大正式退休，应邀南下北师大珠海分校教授"四书"等通识课程，这一讲就讲了十二年，直到2016年夏天他才回到北京。他讲"四书"的立足点是鼓励同学们回到"人"本身，回到"心性"的修养上，而不是仅仅关注知识层面，关心考试，关心分数。他认为要关注技术背后的心性，不能一味用工具理性替代价值理性，片面用科学技术遮蔽人文精神。他不遗余力地指导学生成立国学社，学习和弘扬国学，每学期都会利用周末时间参加国学社举办的论坛，有时还会将自己收集到的一些国学书籍送给大家，作为学生参加活动的纪念。珠海当地的民间国学界对他非常推崇，很多公益团体都邀请他参加公益活动并进行义务讲学。只要条件允许，他都会欣然应允。即使有时不太方便，他也会尽量满足别人的需要。他还带领国学社的学生走出校园，不顾一路颠簸近两小时参加国学社公益实践，在知行合一中修习优秀传统文化。

在珠海分校执教的岁月，郭先生倡导并带动"祭孔"的习俗。每年的孔子诞辰日，先生都会召集学生以及校外国学界人士，到孔子像前纪念先贤。这个活动起先只有零星几个人参加，后来发展到校内外各界人士纷纷参与，规模不断壮大。每天清晨郭先生都会前往励耘楼，并在孔子像前鞠躬，然后开始晨练，用日复一日的坚持，表达对孔子的敬意。郭先生家里客厅正中就挂着《先师孔子行教图》的拓片，学生们在他家中合影时，他都会提醒拍照的人"要能拍到后面的孔子像"。

在论述中国传统教育的特点时，郭先生多次强调其"内在观，即强调启发人的内在道德自觉性，心性的内在道德功能观。中国传统教育的显著特点是启发人的内心自觉，教育人如何'做人'，如何在现实生活中实现其'治国平天下'理想的入世精神，强调的是对自身的肯定……自我求取在人伦秩序与宇宙秩序中的和谐。中国传统教育追求价值之源的努力是向内、向自身而不是向外、向上……亦不是等待外在的指令"。真正的教育是心灵与心灵的碰撞，是灵魂与灵魂的感召，是生命与生命的依托，要培养学生具有大爱的胸怀、高尚的德行，以及善念的种子。

在全国各地不同的学术或文化场合，郭先生敏锐的思维、闳肆的思想、严谨的治学、活脱的文笔、紧随时代跳动的心，都深深感染和影响了他身边的人。于述胜教授在对郭先生做口述访谈后给先生的评价是："特殊的家庭和人生经历，把他造就成一位有信仰的学者。他是以宗教家的情怀去教书育人、从事文化普及事业的。"作为中国传统教育的研究者，作为优秀传统文化的亲身受益者，郭先生看到了我们民族文化经典背后不朽的价值，无论是对于个人心灵之安顿，还是对于民族生命之发展，抑或中西文化之汇通，都有着深刻的价值与重要的意义。对于教育的发展，"应该从突出政治和突出经济的偏颇思路中，回到一个正确的道路上，这个道路是什么，就是人类文明发展的规律"。

七、下足育人功夫实现传承创新

郭齐家先生十分重视对学生的教育，自1986年开始带研究生到2004年最后一届研究生答辩，共培养研究生三十人。他要求自己对学生"以真诚对真诚，以生命对生命"，并满意地说："五十岁之后，我还感受到另外一点，那就是我的学生，学生的集体、个人对我的影响。我在指导学生的同时，也从学生那里得到了很多帮助，这也是我需要感激的一个方面。"

郭先生认为做人与做学问是一致的，除了对学生的学业进行指导之外，还十分重视对学生做人的指导，有针对性地介绍学生参加一些学术活动。

他还把学生当成自己的家庭成员来看待，每次学生到家里，郭先生和师母都会热情准备茶水。为消除学生独自在外求学的寂寞与孤单，逢年过节或周末，郭先生就把学生叫到家里来聊聊天，餐叙一番，让学生感受一下家庭的气氛和温暖，更会对学生进行家庭关系、孝敬父母、遵守校规等方面的教导和提醒。几十年来，郭门弟子都家庭和睦，家风纯正。

郭先生还带动学生之间相互帮助，相互关心，高年级学生在学业上帮助低年级学生，低年级学生在帮助高年级学生做些事务性工作的过程中长进学业。这种风气一级一级传承下来，大家在做好学问的同时也学会了做人。毕业后大家都十分怀念大家庭的氛围，并一直保持着联系，每年新春约定时间向郭先生拜年，郭先生也会对学生遇到的一些问题给以精炼深刻的点拨。一位韩国学生毕业工作后，第一个月的工资除了给自己父母买些衣服以外，硬要将其余的部分汇寄给郭先生。不少学生还主动把自己的孩子带到郭先生家请郭先生指点，师生情谊愈益浓厚。

2004年，郭先生去北师大珠海分校从事中国传统文化的教学。给本科生上课与带研究生有较大不同，也更辛苦，而郭先生乐在其中。每周四门大课，每门课一百多名学生，除此之外还兼授其他学院的专业课。郭先生每次上课都会提前半个小时到教室，拿着放大镜照着自己的书稿和笔记，在七八平方米大的黑板上写下满满的四面板书。学生们在心疼之余也有疑惑，为什么不把笔记打在课件上呢？他说："如果我不写粉笔字，同学们就不会做笔记了，课件他们也不一定看的。如果板书的话，我辛苦，他们也辛苦，但是同学们会做笔记，会记住一些。还有，我也当练练字。我们不能总是靠打字啊，久了连字都不会写了，我们的文化载体不能丢失啊！中国汉字本身承载了巨大的文化基因与密码，一字一乾坤，一笔一画皆生命啊！"

郭齐家先生板书后开始讲课

郭先生在上课前会非常庄严地立正鞠躬,主动向学生行礼,并高声说:"同学们好!"后来学生们也主动向先生行礼,一句"同学们好",一句"先生好",交织辉映成最亮丽的一道风景,成为活泼脉动的文化生命的课堂。长达一个多小时的讲座,郭先生始终站立着,慷慨激昂,面对着同学们大声疾呼:"不能忘记自己的根!"那情感和力度把大家都震撼住了,偌大的教室出奇安静,只留下讲者的声音在久久回荡。他对学生说:"同学们啊,我年纪大了,讲不了几次,将来靠同学们了。我们学传统文化,不只是在课堂上,更要走进基层中去。你们要真正地去践行国学,到社区给老百姓讲我们的传统经典文化。"这些平实而意味深长的话语滋养了一届又一届的学子。他还不顾年高,和学生一起晨练,以独特的人格魅力和文化精神所散发出的巨大磁场，展现道之所存、师之所存的现实场景。

2011年，郭先生为国学社社庆题写贺词："'为天地立心，为生民立命，为往圣继绝学，为万世开太平！'和经典为友，与圣贤同行！'为每一个生命的喜悦幸福与中华民族的伟大复兴而不懈努力，愿与国学社同学共勉！"体现出对学生的殷切期待。

郭先生曾引用冯友兰先生"阐旧邦以辅新命，极高明而道中庸"的话寄语学生，勉励大家修学储能，传承好祖国的文化，并告诉学生："我现在讲的《孟子》，是五十多年前陆宗达先生讲给我们的，现在我传授给大家，这就叫作薪火相传。等你们将来成才了，继续传给你们的下一代。当我仰望星空时，我仿佛感受到我的老师在天上，像星星一样望着我。而将来有一天我与他们相会，我也会在天上看着同学们，给你们力量……"句句情真意切。有些学生将郭老师讲的课程用摄像机拍摄下来，有时同一门课程甚至拍了几届不同的版本，作为此后温故知新的宝贵资料。

郭先生在课堂上和论学时非常严谨，往往会一脸严肃，不苟言笑；课下则能较为开放地与学生交流，用行动诠释一位儒者与师者为人处世的修养以及对家国天下的担当，给学生以无声的教育；在生活中又像亲人般亲切，身体力行，真正将为人师表落实到生活之中。他对人总是非常谦逊和客气，虽然很多人把他当名师敬仰，但是他完全没有高高在上的样子，总是设身处地为他人着想，生怕给别人添麻烦。有一次，一位同学向他投诉助教改作业过于严苛，以至于影响了学业成绩和学习的积极性。郭先生比较同情和理解那位同学，于是找到助教想提醒他适当宽松些，但又碍于平时自己要求的严谨学风且怕打击了助教的责任心，结果是欲言又止，处于两难。与平常讲学时的酣畅淋漓形成了鲜明对比，郭先生的脸上竟呈现出有点纠结为难的神态来……学生们都觉得这件事跟"启功不打假"颇有异曲同工之妙，也更加体会到先生在宽严之间的仁爱之心，不禁肃然起敬。

郭先生谦虚地认为自己属于"困而学之者"与"学而知之者"之间的人，"我这一生其实也没做什么大事儿，我是靠我的学生成就的"。他对学生们寄予厚望，认为"中国教育事业与教育思想未来发展的方向是：立足本国，面向世界，超越传统，综合创新"。我们应该以积极的态度，"以开放的胸襟，面对挑战，广采博收别人的长处，实现自身的变异和革新，以获得外来文化的营养丰富自己，发展自己"。

郭先生在很多方面因崇敬而模仿孔子。在郭先生的影响下，学生们确实想学习他的风范与使命感，以及炽热的家国情怀，学习他的为人与为学，学习他的勇敢与坦诚，学习他崇高与平实融为一体。

郭齐家先生真正做到了北师大校训所要求的"学为人师，行为世范"。

学人小传

郭齐家，1938 年生，湖北武汉人。北京师范大学教育学部教授、博士生导师。曾任中华孔子学会副会长、国际儒学联合会理事会顾问。长期从事中国传统教育和传统文化的教学与研究，主讲中国教育史课程。1989 年主持的"中国教育史课程教学质量建设"项目获北京师范大学优秀教学成果奖。1997 年被评为北京师范大学"师德先进个人"，2017 年当选"当代教育名家"。先后培养硕士研究生十七名（其中英国留学生一名）、高访学者和进修生十名（其中韩国、日本高访学者各一名）、博士研究生十三名（其中韩国留学生两名）。专著有《中国教育史》《中国教育思想史》《中国古代学校》《中国古代考试制度》《中国古代教育家》《中国古代的学校和书院》《文明薪火赖传承：儒家文化与中国古代教育》等，合著有《简明中国教育史》《中国远古暨三代教育史》《陆九渊教育思想研究》等，参编有《中国教育思想通史》《中国教育魂：从毛泽东教育思想到邓小平教育理论》等，主编有《中外教育名著评介》等，共同主编有"中国小学各科教学史丛书"及《中华人民共和国教育法全书》《中华人民共和国职业教育法实务全书》《中国教育通史·宋辽金元卷》《中国教育史研究·宋元分卷》《中国教育传统与教育现代化基本问题研究》等，其中有多部著作获国家级奖项。

（本文部分内容曾以《郭齐家先生启发我知止近道》为题收于

人民教育出版社2019年版《薪传：教育史分会成立40周年纪念文集》，以《郭齐家：教育立命 修明心性》为题发表于《光明日报》2018年11月12日，收入本书时合并有增改）

高谦民老师的"高"与"谦"

2020年12月6日,中国教育学会第三十三次学术年会在南京召开,南京市第九中学作为第五分论坛的会场,邀我当点评专家。走进长江路碑亭巷51号校园,便看到正对校园大门的通道两旁立有介绍该校杰出校友的宣传牌,并一眼看到了熟悉的朱小蔓老师的介绍,我马上想到这里也应该是高谦民老师的母校,因为我知道高老师、朱小蔓老师夫妇都是该校的学生。

走进古朴的校史展室,该校的校史深沉耀眼,一位副校长讲解并带着我们参观,我就说:"虽然南京很熟悉,却从未到过这校园,想不到我熟悉的朱小蔓老师和高谦民老师都是这个学校的学生。"这位副校长说:"知道朱小蔓,不知道高谦民。"我再提示一句:"南师大的呀!"对方还是摇摇头说:"不知道。"

这次经历引发我很大的反思:我们的学校和教育在追求什么?传承什么?彰显什么?

我第一次知道高谦民老师的名字大约是在1998年底,那时高老师是南京师范大学教育科学学院党总支书记。从南师大获硕士学位出来工作多年后,有位同学讲了当年的一件事:学校要给教育学硕士班的研究生发困难补助金,带这个班的辅导员几乎不和研究生见面,学校的工作布置下来后,由他指定做此项工作的班长未走公开程序就把名单报了上去,同学们都不知道。结果补助金发下来后,一个偶然的机会,同学们才得知此事,纷纷议论开来,才发现班里最贫困的那位同学一分钱也未拿到。这一情况反映到学院领导那里,高老师作为书记自然知道哪里出了问题,却没有高调整顿,而是将那位最困难的学生叫到办公室,对他说:"我们院里的工作没做好,没有帮到你,我作为院领导诚恳向你道歉。困难补助金评定发放程序已经走完,涉及学校多个部门,事情已经过去也不好再倒腾,我这里给你一千元,你拿去用,这是我个人给你解决困难的……"这位同学觉得不合适不肯要,最终在高老师的坚持下还是收了。

我当时虽然在南师大读硕士,但没事也不会去找院领导。大约在1999年3月,南京师范大学出版社贴出海报招兼职编辑,我由于自己此前参编《陶行知全集》做过编辑,加之手边确实缺钱,就报了名。出版社了解情况后很快就把编校书稿的任务交给我了,做"21世纪班主任文库"的编辑工作。其中我接手的第二本书稿就是高谦民、吴立德主编的《小学班主任实施素质教育指南》。当时收到的书稿基础比较差,这样我就有了多次与高老师一起改稿的机会,并得知他虽在南京长大,家乡却是与我的家乡岳西相邻的舒城。由此,我对高老师了解日深。《小学班主任实施素质教育指南》这本书于1999年8月出版。

1999年底，学院通知我们那届硕士生双向选择导师，先由研究生根据公布的导师名单报名选导师，再由导师确认自己带的学生。结果是此前给大家上过课，并且课上得好的老师被学生选得多，还有就是学术带头人也被学生选得多。当时，二十名研究生中有六人同时选了一位老师，这位老师只能在其中选两人，未被选上的四人再选其他老师。我当时反复思考选哪一位老师，不想和其他同学争导师，甚至还有点自负地认为，以我当时的学术能力没有必要靠导师在专业上起多大作用也能顺利通过论文答辩。待到所有研究生报名工作接近尾声的时候，我发现高谦民老师可能因为没有给这届的研究生上过课，也无其他接触，便没有人选，就当即决定选高老师为导师。曾在南师大读本科的研究生同班同学瞿卫星知道我选了高老师，见面就说："老储真有眼力呀，高老师绝对是好人！"此后南京五中的黄祖明老师也选高老师为导师。

在后面的论文选题、写作环节，我选择了学校管理体制的调查与分析。由于已经熟悉了，我与高老师之间的沟通简明扼要，直奔关键。高老师从教育史角度提出了一些问题和完善意见，我很轻松就通过了答辩。

2000年报考博士的事情，我事先没有告诉高老师。大约在2001年5月，南师大教育科学学院都知道我们那届两个安徽籍的硕士都报考了北京师范大学的博士，考分都上线了。包括高老师在内的多位老师在参加硕士学位颁授典礼的时候都主动询问我的情况。

当时我给在南京的同门黄祖明老师打电话说，毕业典礼结束后我们一起请高老师吃饭以示感谢。考虑到方便高老师，黄老师选择在高老师住处附近订了家餐馆。不料高老师对那家餐馆先做了工作，待我们吃完饭后准备结账时，餐馆说已经结过了，这让我们非常尴尬。

更让我没想到的是，我们在餐桌上说起我报考北师大的情况：考分达线了，如果要上就只能自费，享受不到公费名额了。待我们正准备离开餐馆时，高老师突然起身硬要塞给我一千元钱。我当时觉得怎么也不能收老师的钱，反复推让后，高老师态度坚决，说了句我想都想不到的话："这一千元解决不了你多大问题，只是表达我的一种意见，希望你克服困难去北师大上博士。郭老师我也认识，他人很好。"看来在这件事上，高老师是早有准备的。我一辈子都忘不了高老师对我的帮助与鼓励。

从北师大毕业后，每逢年节，我都不忘给高老师打电话问候，高老师几乎每次都要我代他向郭齐家老师问好。大约是在2005年，我与高老师在中国地方教育史志研究会举办的一次会上相见，我问他在做什么方向的学术研究。他说在研究南师大的办学理念，这与我博士论文做的大学精神研究接近，我便向他请教。2006年4月13日，高老师通过电子邮件将他所写的《开山劈路五十年——南京师范大学办学理念回眸》发给我，并在邮件中说："朝晖：您好！现将拙文发送给您，请斧正。顺致春安！高谦民。"后该文以《南京师范大学前五十年的办学理念》为题在《教育史研究》2006年第3期上发表。

十年后，由于中国陶行知研究会要对研究成果评奖，2015年9月，我与高老师在晓庄学院再次相见。

2020年8月12日是朱小蔓老师的告别仪式，我却在此前已被安排12日上午到苏州给教师做讲座，13日下午在南京还有一场报告，无法更改日程向朱老师告别。这个遗憾让我决定13日上午一定要抽空看望高老师。8月13日，我与高老师、师母一起度过了多年难有的轻松半天，并一起到小菜园共进午餐。

2022年8月20日，为了迎接南京师范大学一百二十周年校庆，教育科学学院成立校友会，我和高老师在会场又相遇了。到会的人很多，我俩在会场坐在不同的座位，合影的时候又站到一起了。

2022年底，我偶然联系上在北京市住建委工作的吴林蓉，得知她也是高老师的学生。我这才发现可能由于高老师的低调，他的学生之间也很少联络，于是12月31日晚我自做群主拉起了个"高门弟子"的群，又认识了几位此前从未听说的高老师的学生。

我们的相见这么稀少，我们内心却时刻想念。高老师的"高"与"谦"在当下社会可能被人模糊，在我的内心却十分明澈。

学人小传

高谦民，1948年生，安徽舒城人。南京师范大学教育科学学院教授。1982年毕业于南京师范学院教育系并留校任教。曾任南京师范大学教育系副主任、教育科学学院党总支书记、教科院班主任研究中心主任，中国地方教育史志研究会学术交流委员会常务理事，江苏省陶行知研究会学术委员会副主任委员，江苏省教育学会班主任专业委员会顾问，江苏省陈鹤琴教育思想研究会顾问等职。主要从事中国教育史及中小学班主任的教学和研究工作，主编《中国小学思想品德教学史》《小学班主任》《小学班主任实施素质教育指南》《今天，我们怎样做班主任》等著作，发表《从儒学的衰微看魏晋南北朝时期的教育》《陶行知的儿童教育观》等论文数十篇。

赵振华：人品与学问价值永恒

赵振华老师几乎没有什么头衔、荣誉，唯一可以说得上的是曾任民盟徽州师专支部组织委员，曾获校级教书育人先进个人称号。尽管叫"赵振华"的人很多，但是如果用这个名字加上他所工作过的"徽州师专"或"黄山学院"在网上搜索，则找不到点滴信息。

赵老师很特别、很有个性的形象数十年后依然留在他教过的学生们的脑海里：个子高大，背微驼，戴两种有时需要替换的眼镜；穿着旧中山装，套着老农民那种不用系裤带的大腰裤子，两边拉紧叠在一起塞进去就能在腰间固定住；洗得发白的涤卡中山装上衣口袋里装着一块老式怀表，表放在口袋里，链子悬在口袋外，偶尔拿出来看看时间；皮鞋擦得发亮，但是赤脚不穿袜子，裤管高高地悬在鞋上面，一晃一晃地露出小腿；拎着黑色拉链包，剃着光溜溜的和尚头，无论走到哪里都能一眼被人找到。

没有写完的怀念

1994年，我知悉赵振华老师去世的消息时，大约是在他去世后三个月了。我抑制不住内心的情感写了篇短文

《深切怀念赵振华老师》，给当时负责校报编辑的汪家庚，并发表于《徽州师专报》1994年6月30日第2版。全文如下：

> 得知赵振华老师去世的消息，我内心十分沉痛。几个月来，赵老师的音容笑貌一直在我脑海里浮现，常使我彻夜难眠。
>
> 赵老师只带过我一年多的高等数学课。每次走进课堂，他总是左手拎着一只陈旧的黑提包，右手端着保温杯，身着几年如一的深蓝服装，戴一副老花眼镜，蹒跚地走上讲台，用带六安口音的普通话开始讲课。
>
> 起初同学们对他敬而远之，但由于赵老师课堂上讲课生动，课后热情辅导同学，与大家平等友好地交谈，从而缩短了师生距离。记得那时学校里电视机很少，许多同学想看晚间的英语电视讲座。为了满足同学们的这一要求，赵老师总是每天准时赶到数学系办公室，打开电视，并陪着同学们看完节目后才锁门离去。有一天下着大雨，我和几位同学仍在数学系办公室外面等候，大家正议论着赵老师可能来不了了，但不一会儿，却看到赵老师打着伞冒着大雨赶来了。望着浑身被雨水淋湿了的赵老师，同学们都肃然起敬。此后每逢坏天气，同学们就自动地去接送赵老师。
>
> 赵老师非常好客，同学们每次到他家，他总是倒茶让座，十分热情，倒弄得我们做学生的不好意思。

1983年6月,河水泛滥,校园一片汪洋,赵老师所住的丁字楼底层也被水淹了,同学们蹚水前来帮赵老师搬家具。赵老师说:"我这里没什么值钱的东西,光是些书,把书搬走就行了,你们去帮别的老师搬值钱的东西吧!"他劝走了大部分同学,只留下两三个同学帮他搬书。毕业时,许多同学都想要一张赵老师的照片作纪念,他却说:"我没照什么照片,你们要记得我这个老师就记得,记不得也就算了。"在同学们再三请求下,他只好把当年大学毕业时戴着学士帽的照片复制一些送给了学生。

毕业后,因工作关系,我在合肥和北京先后遇到一些赵老师从前的同事和学生,从他们那里了解到赵老师一生坎坷的历程和他对事业执着追求的往事。这些更加深了我对赵老师的敬佩。

去年初夏,我因事回母校遇到了赵老师,他一口喊出了我的名字:"你不是储朝晖吗!"于是一定要拉我到他家坐一坐。一到家,他就像待多年不见的客人一样,忙个不停,一定要留我吃午饭,并说"不吃就是嫌我穷"。我打量了房间,如同十年前一样,不由得一阵心酸。我该为老师做些什么呢?我又能为老师做些什么呢?我迷茫了,心想下次来时带点什么看看赵老师,多少对他老人家是点滴慰藉,但没料到这竟是最后一面。

赵老师,如果您有在天之灵,我想告诉您,当年一起看英语讲座的好几位同学都考上了研究生。您所栽培的桃李永远怀念您！

当时限于篇幅，有很多想说的话未能说清，而且写之前我就与编辑说过写此文请他们发表的想法，得到的回复是"很难"，所以不能写得再充分些。现在也不想再次展开，只想补充两个关键细节。1993年，我回徽州师专，走在通往行政楼的那条笔直的水泥路上，赵老师也恰好在我身后十多米的地方向行政楼大门方向走。估计他在我身后已经盯了一段时间，但分别多年后他还能从背影认出我这个学生，这让我惊奇、感动。待我到他所住的徽州师专教工宿舍3幢105室，强烈的感觉是它比我做学生时又陈旧且简单了许多。

另一个细节是当时同学们还无法意识到他每天到数学系办公室打开电视让我们看英语讲座的价值，以为这是他作为一名数学教师用以休闲的无意所为。做了几十年教育研究后，我发现不同学科对一个人命运的决定作用是不同的，英语才是那个年代对大多数人的命运发挥较大决定作用的学科。直到二十多年后，当时常去听讲座的十余个学生已过了不惑之年且都读了研究生，成为各行业的骨干甚至顶尖人才，我才幡然悟出赵老师当时的做法是深思熟虑、精心设计而又勉力作为的。当时排球等各种球赛比较火热，大多数人都不屑于看英语讲座，多次有人想换台看球赛，印象深刻的是赵老师对此态度非常坚决，他说："不行！"

他告诉那些想换台的人到其他有电视机的地方去看，这里就只看英语讲座。虽然以他的英语水平，他完全不必看这些内容，但他每次都坐在第一排边座守着，偶尔在关键处向听讲座的人提示、讲解一下，完全超出了他的数学教师身份与职责。

1985年我离开学校之前，请赵老师给我写寄语，他用英文和中文对照间杂写给我如下一段话：

> Take knowledge rather than choice gold; for wisdom is better than jewels, and all that you may desire cannot compare with her. 宁得知识，胜过黄金，因为智慧比宝石更美，一切可喜爱的都不足与之比较。
>
> 赵振华
> June 21, 1985

多年后，与当年的一些同学偶尔谈起学生时期的记忆，对赵老师的回忆与怀念成为同学之间的最美谈资，就像装进小瓶中的高压气体，不断释放出来弥漫在我的生活空间，越来越多，越来越浓。

回看教坛人生

在徽州师专凡与赵老师有接触的人都对他很敬重。后来我有机会接触到曾任教于合肥一中的吴之季（1985年交往时，任安徽省教育科学研究所所长）、王昌畴（1985年交往时，任安徽省陶行知研究会副秘书长），曾是合肥一中学生的曹青阳（1988年交往时，任中央教育科学研究所副所长），以及他曾经工作过的其他学校的同事和学生，大家常显出语焉不详而又不愿细谈的敬佩。这样的态度更引发我的好奇，于是我想方设法发挥自己几十年做史学研究搜集资料的功力，找到一些线索拼接出赵老师的人生轮廓，印证了其人品与学问都是人生阅历的产品与外显。

依据1994年2月5日徽州师范专科学校发出的讣告，赵振华先生生于1921年9月7日，但另一些资料又显示他生于1922年2月。曾先后就读于六安县立初级中学、安徽省立第一临时中学、湖南国立第八中学。1941年9月至1945年7月，就读于国立湖南大学理学院。1945年8月，从湖南大学理学院毕业后，先在湖南永绥县立小学任教师，后在湖南大学任助教至1947年1月。

1947年2月，赵老师不知何故从湖南回到祖籍安徽六安，到"伪六安中学"任教员至1948年12月（日本已于1945年投降，这里的"伪"显然不是指"日伪""汪伪"，而是指国民政府管理的学校，与他一直工作到1949年11月的"六安中学"是同一学校）。1949年11月，赵老师调到合肥一中任教员直到1956年1月。1952年12月，赵老师加入中国民主同盟。

1956年2月，赵老师又调到芜湖的安徽师范学院（后改称为皖南大学，1972年改名为安徽师范大学）任教到

1969年，其间于1960年11月被评为讲师。他所任教的课程为：1956年2月至1958年2月，初等函数、教育实习；1958年2月至1960年2月，数学分析、教育实习；1960年2月至1961年2月，教学法、教育实习；1962年2月，数学分析；1962年7月，教育实习；1963年2月，英语；1963年9月至1969年，高等数学。显然是个踏实进取且可跨学科任教的教师。

在1960年被评为讲师时，他就研究过形式逻辑与数理逻辑，并阅读《反杜林论》《自然辩证法》，以及黑格尔《小逻辑》等书，曾写过《初等数学与高等数学思想方法问题》《一尺之棰，日取其半，果万世不竭乎?》等短文（都未发表）。他也曾计划翻译 *Goodstein Mathematical Logic*（《古德斯坦数理逻辑》）一书，译述一半，始终不能完成，心存遗憾。他当时的外国语程度能阅读及翻译英文数学书，计划翻译《笛卡尔符号规则》《直线方程之简记法》，显现出不惑之年的他有较好的专业基础，也有干一番事业的志气。鉴于赵老师1956年前历任中学数学教师，有较丰富的教学经验，1956年后担任过专科和本科学校的数学分析课的讲授工作，对该课有较系统的研究，并参加教改中分析数学的教材编写工作，曾研究过形式逻辑与数理逻辑，1960年皖南大学同意确定他的讲师职称。1961年他开始享受讲师待遇。

1979年，赵老师进入徽州师专，1979年至1982年教初等几何（包括数理逻辑），1982年至1987年教物理系学生的高等数学和高等代数。1984 至 1985 学年度，荣获徽州师专先进工作者称号；1985 至 1986 学年度，荣获徽州师专教学优秀奖。

据说学校有一次派他参加全国性数学研讨会，在那百废待兴的年代，国内数学界同行中的很多人都认识他，主动热情地和他打招呼。但也有一些人看到他签到表的职称一栏是讲师时，就不再理会他了。赵老师虽看透了人世间的冷暖，能坦然接受，但心里还觉得不是滋味。在退休前评上更高一级职称是那个年代被耽误的一代人普遍的最大心愿，这不只是可以增加一点工资，更重要的是对自己学术地位和业绩的认可。赵老师以他教书生涯最后八年的工作获得了认可。大约在 1985 年，学校的职称评审程序就启动了。在职称评定的个人总结中，赵老师的表述简短而又慷慨激昂：

> 我一生好读书，喜教书，我自 1945 年 9 月教书以来，讲课、辅导及批发作业都一贯不敷衍。此虽由于责任心所驱使，但主要还是兴趣爱好，因我以教书为乐，把讲课辅导看作人生最大的快事、最大的乐趣，凡是听过我课的学生还未闻说我教书有不是之处。
>
> 至于好读书方面，真可谓中外名著无不浏览，（古）文、史、哲三方面都需学习，在阅读时每看到有得意之处，都横加评语以表述自己观点……唯我不善写作，并且自己的学术观点又多与世俗不同，而本人

又性格孤傲不愿求助于人,故至今拿不出一本著作来,因而科学研究几等于零。

我生于世六十余年,青年遭抗日战争离家数千里,中年因思想"顽固"反对苏联教材遭批判……真是一生坎坷,只是晚年才安居乐业享受人世间的温暖,则我之思想政治表现可想而知。今年老力衰不能教课,不能把胸中所学完全传授给年青一代,是为恨耳!

文中所提及的"拿不出一本著作来"是赵老师十分在意且深感遗憾的一件事。并非他没有做,而是由于多种原因未能出版,他当时翻译了《数理逻辑》和《常微分方程》,还写有《e是超越数》和《平面场的复势》。1985年5月4日,时任合肥工业大学副教授卢树铭对赵老师的学术水平评价如下:

1. 《常微分方程》系译自 Tom M. Apostol 一书 *CALculus*,译文涉及微分方程的基本内容,译者既尊重原著,又照顾我国读者阅读习惯,采用了意译,文字流畅,译文正确。

2. J. Barkley Rosser(康奈尔大学数学教授)*Logic for Mathematicians* 一书译文涉及集论、逻辑等方向知识,翻译的难度较大,译者正确地采用意译,译文尊重原著,译文正确。

3. 《平面场的复势》一文,作者从平面流速场及静电场两个方面给出平面场复势的物理意义，弥补了西安交大编的《复变函数》中这部分的缺陷，便于教和学，反映了作者的教学经验丰富。文章论述正确，在教学上有一定价值。

4.《e 是超越数》一本，系摘引 Hilbert 的论文，这种证明较简捷，对师专教学有参考价值，反映了文章介绍者的知识面广阔。

从上面的译稿及文章看，赵振华老师英文基础扎实，数学知识面广且扎实，有丰富的教学经验和较高的教学水平，符合高级职称的条件，建议考虑晋升高级讲师。

另一位专家的评定意见大约写于 1986 年，其中说："赵振华同志在《平面场的复势》中阐述了标题所指的数学概念之物理意义，是作者比较详尽的教学体会。《e 是超越数》是一篇介绍性文章。此外，作者有三份译稿，兼作讲义。上述各项材料，反映了作者有较丰富的教学经验和知识面，本人认为可以根据该同志在教学工作上的长期贡献及贵校的需要，考虑提升为副教授。"

在寻找资料的过程中，我还找到两张用"徽州师专备课纸"写的"赵振华事迹"，是赵老师自己的字迹。可能是当时应学校要求所写，时间大约为退休前的 1987 年上半年，内容为：

在教课方面，从来不照书（或讲稿）宣读，而是按照自己的想法与学生们一道进行研究和探索，增强学生学习兴趣，学生们都称赞我教课艺术高明。晚自习时常去辅导答疑。

课余时间，我经常与学生接触，谆谆告诫学生要用心读书，争取成绩，备为国用。"四人帮"不推倒，招生不废除保荐，你们大部分是不会进入高校学习的，要珍惜这大好盛时，不要受坏人影响，脑筋发热，做出对不起国家、对不起父母、对不起自己的事情。

有时并结合历史、结合个人遭遇向他们说明安定团结的必要性。不安定团结就谈不上国家的建设，更不会繁荣富强而列入世界先进国家的行列。

1986年12月7日晚……我到教室辅导，凡安心在教室上自修的总平均成绩一律加上两分。

平常对学生要求严格，一律不准吸烟喝酒，不准旷课，凡看到的都计入平时成绩内（负数）。

我能与学生打成一片，喜欢学生如同喜欢自己的儿女。学生都说我不摆老师架子，感觉和蔼可亲，愿意与我接近，交流思想。我自己也时刻警惕，遵照"子帅以正，孰敢不正?"的古人教导，例如，我总是告诫学生们生活要勤俭朴素，反对高消费。当然，我自己生活也不奢华浪费。

这段表述比较真实、简洁地记叙了赵老师的事迹，显示出他外圆内方，主见依然。

1987年9月，已满六十五周岁的赵老师被评为副教授，办了退休手续。1986至1987学年度，赵老师仍继续被评为教书育人先进个人。他也有一段自我介绍：

> 物理系高等数学课我虽已教了多遍，但每堂课我都事前认真准备，仔细考察上一届教课成功的在什么地方，失败的在什么地方，针对学生情况不断改进教学，发扬自己的教学优点，克服缺点。为着了解学生学习情况，几乎每周有三个晚上到班上辅导答疑，既了解学生学习效果，又增加师生感情，使人感觉教书是人生最大的快事，遗憾的是少数学生不在教室上自习，因而无能为力。
>
> 平时一再告诫学生，生活要勤俭朴素，不要奢侈浪费，不要油头粉面、西装革履，不准吸烟，严禁喝酒，发现的影响考试成绩，并常常以自己在学生时代穿草鞋破衣、吃酱油泡饭为例鼓励学生刻苦学习争取前途……

反对学生"西装革履"可能有些过头了，这也许多少与赵老师自己的生活经历和经济条件相关。他任教了近四十年，可是工龄只从1970年算起，显然会影响到他的工资收入。当时他每月工资总额为一百三十六元五角，退休后能拿百分之七十,为九十五元五角五分。

1994年2月4日23时6分,赵振华老师在黄山市人民医院逝世。徽州师专在讣告中对他的评价较高,称:"他热爱共产党,热爱社会主义祖国,拥护党的基本路线和改革开放政策,在几十年的教育生涯中,兢兢业业、辛勤奉献,积极参加社会活动,关心社会主义建设和教育事业的发展。"

坎坷的十年

赵老师比正常工作时间短了一截的工龄让人看不懂,他的自我介绍说在"文革"期间阅读批注毛主席英文版著作时遭难十年牢狱,更让没有当年生活经历的人难以想象。查阅相关文档,发现他于1969年9月"由芜湖军管会以现行反革命罪判刑十年"。

1939年8月,赵老师在高中学习阶段于国立第八中学暑期集训团时加入国民党,未担任职务,显然这仅是学生参与学校的活动,走个形式,与"现行反革命罪"没有任何牵连。

1960年,赵老师说自己当时除了研究《毛泽东选集》第四卷外无任何研究。在评定讲师时,校方给他的评价较好,认为他"历史清楚,解放后在各大政治运动中表现较好,能响应党的号召,接受党的领导,拥护社会主义制度和社会主义建设总路线,在'教育革命'和教育改革中,虽对某些具体问题有过不同的看法,但总的讲多能执行党的教育方针"。

与一般的评定意见不同,引起我注意的有两点:一是"对某些具体问题有过不同的看法",虽然没有讲具体,但从前文已经得到印证的是赵老师反对苏联教材。经过几十年沉淀,众人都能认识到当时赵老师的反对是正确的,但在全国"一边倒"学苏联的时候能明确表达反对意见,不只说明赵老师是个有主见和个性的人,而且是个有勇气和担当的人。当时的社会环境对具体问题的不同看法也难以容纳,但这还不能构成"现行反革命罪"。

二是他说自己研究《毛泽东选集》,这在那个年代大多数人都如此,问题可能就出在文中批注。1980年以后,多年给赵老师当助教的李代沧老师证实了这一猜测,并给出更多细节:

> 我跟赵老师当助教,有几件事印象深刻。一、说他反对毛主席,主要是在毛主席语录"办学习班是个好办法"这句话边上用英文写了"不是唯一的办法",这是原因之一吧。二、赵老师是一个很朴素的人,可以说"不修边幅",比如穿皮鞋时不穿袜子,穿老式的大腰头搭边裤。他才到学校不久,一次下雨,我到他那里去,赵师母在门口煤炉上烧饭,雨水打在锅盖上。我和赵老师说,向学校反映一下要一间大点的房间,赵老师风趣地说:"不用了,比劳改队好些!"三、赵

老师上课体现抓要点的大家风范，不拘泥细节。比如两条相交线与圆相切，圆可以画成马铃薯一样，切线可以画成弧线，因为大学生都能理解的，但这样的确多了一份乐趣。我深深地敬佩赵老师！

1969年至1978年，赵老师在白湖农场劳改。好在党的十一届三中全会开启了拨乱反正，平反冤假错案。但当时各地依然思想顾虑重重，1979年3月，宣城法院撤销原判，但还挂上个尾巴，赵老师又被"改判为虐待家庭成员罪两年"。

据赵老师说，由于妻子张邦爱的家人当时在屯溪，所以他从劳改农场出来后就回到屯溪。为了获得生活费，他自荐到一所小学教书，说自己什么课都能教。屯溪的一所小学接纳了他，发现他真是一个人才，在小学教书是大材小用，又推荐他到当时徽州地区最高学府——徽州师专教书。于是就有了与我们后来的这些学生之间的缘分。

品学润心如泉

赵老师给我们上高等数学课，其中齐次和非齐次微分方程及复变函数都是比较难的内容。他用自己编的教材教学，还自己手写英文讲义，然后油印出来，让学生们大开眼界。他上课很有激情，条理清晰，逻辑性强，能深入浅出地把很难懂的概念说得简单明了，偶尔还会穿插个冷笑话。

同学们都感到上他的课受益匪浅，不需要再看辅导书就会做课后作业。同学们在课堂上问他题目，他立马在黑板上解答，以便于同学们领悟他的解题思路。虽然与赵老师有不短的时间相处，但同学们都感到对赵老师的人生经历了解得太少了，无法从中学到更多的人生智慧。若从做历史的视角看，对赵老师的了解永远难以企及原貌与全貌。

1979年再次走上讲台后，赵老师可谓全身心投入教学与研究，从他所工作的单位以及上级管理部门对他的评价中可了解一些情况。

1986年11月2日，徽州师专数学系就他的职称评定给出的评定意见为："拥护党的十一届三中全会以来各项方针政策，认真参加政治学习，在认购国库券和救灾捐献中在系内积极带头，热爱教育工作，关心青年教师成长。教学工作勇挑重担，主动要求多承担教学任务，教学工作量饱满，经常超额较多。数学业务基础扎实，教学经验丰富，先后担任初等几何和高等数学的教学，备课认真，讲课熟练，并能结合教学帮助学生学习专业外语；课外经常深入课堂，指导学生学习，有诲人不倦精神，受到学生欢迎。英语水平较高，能熟练阅读英文原著，业余翻译《数理逻辑》《常微分方程》两书。"

1986年11月20日，徽州师专的评定意见为："赵振华同志到师专以来，拥护党的方针政策，坚持四项基本原则，政治学习努力，高校工作时间较长，专业基础扎实，数学知识面广,外语基础较好。教学认真负责,课堂讲授细致,课外辅导耐心,深得学生好评。"

1986年12月7日,省市高评委的意见为:"1. 经审查该校所报材料,赵振华同志在政治方面符合任职条件。2. 该同志在高校任教多年,其一生坎坷。已是晚年,仍把余热献给教育事业。超额完成教学工作量,在教学方面成绩显著,曾被评为校先进工作者,进行了一些教学法研究。"

因工作需要,我也给不少人写过、看过评定意见,在职称评定的高评委意见中写进"一生坎坷"的确实少见,但这个词确实能对赵老师的特征做最为确切、典型的表述。或许正是其中之一的原因,在赵老师已经办了退休手续的1987年下半年,学校仍将赵老师评选为1986至1987学年度教书育人先进个人。教研室负责人对赵老师的推荐意见为:"赵老师积极参加政治学习,每次会议提前到场,从不迟到早退。接受任务直截了当,能挑重担。能耐心进行辅导,能做到教书育人、为人师表。"数学系主任的意见为:"赵老师已过退休年龄,教学认真,且与学生打成一片,做思想工作,在教书育人方面取得较好成绩。"

赵老师实诚,几乎很难与光鲜或任何高大上的词联系起来。他没有使用"工程""项目"之类的名词,他能有效支配、使用的资源极为有限,他对学生的一些要求未必就合情合理,但他利用自己可以利用的一切可能,用自己的切身体验与专业见识,真诚为学生成长与发展考虑。正是当年赵老师以高于其他人的真诚与见识,在关键处的细微工作，使一个师范专科学校里走出了多位中国科学技术大学等知名大学的教授和国家级科研院所的知名专家。我们这些人有机会聚到一起时，常说赵老师是一位"与物理学家束星北先生经历相似的老师"，对他被送到白湖农场的近十年经历唏嘘不已。

2021年是赵老师诞辰一百周年。我们是赵老师百年树人的传人，毕业三十多年后我们从自己的成长体验中印证了赵老师当年为师为学的不易，他的人品与学问的难得。希望以此文让师生间的美好感受为更多人分享、传承。

学人小传

赵振华（1921—1994），安徽六安人。1945年8月毕业于国立湖南大学理学院并开始任教。曾任教于六安中学、合肥一中、安徽师范学院。主要教授高等数学、几何等课程。有译著《数理逻辑》《常微分方程》，均因故未能出版。1969年遭遇人生坎坷。1979年到徽州师专工作，曾任民盟徽州师专支部组织委员，被评为校级教书育人先进个人。1987年9月，在徽州师专被评为副教授后退休。

（原载《教师博览》2020年第10期，原题为《人品与学问价值永恒——追忆赵振华先生》，收入本书时有改动）

潘传耕、杨淑媛：谜一般的人生

2016年4月25日，我刚住进医院准备做久已筹划做的白内障手术，就看到老同学罗玲在微信上发的消息："潘老师于昨天上午去世……明天去参加他的告别仪式。"

我有些惊诧，因为就在半个月前的4月10日，我经过合肥时专门约蒯南双同学一起到樊洼路129号潘老师的住处——合肥市福利院老年公寓去看望他。当时虽然他几乎完全听不见了，不能认出我这个三十多年前的学生，但当我把工作证上的名字给他看时，他突然兴奋起来了："储朝晖！你就是那个要搞'教育革命'（改革）的储朝晖！"于是，有关我们1981年之后三年多的交往的事他又能回忆起来一些。潘老师反复问护工："我女儿今天来吧？"护工一边回答她明天来，一边告诉我们他是急着要留你们吃午饭。在短暂的时间里，我送给他一本记有过去我们交往片段内容的书《教育改革行知录》。他在病榻上认真翻看，并对我们说："物理系的同学就是不一样，很重感情，毕业几十年还不断有人来看我。"

其实，潘老师的话仅仅说到了一个方面，或许是我们那一届物理系的同学对世事比较真诚和敏感吧。大家之所以在几十年后还惦记当年这位仅教了一年多公共英语课的潘老师，更主要是因为潘老师自身，他身上有一种让学生着迷的东西，或者说他和同样是教公共英语课的夫人杨淑媛老师原本就是个谜。

一、蓦然回首谜景生

潘传耕老师在我们进入徽州师专的第一学年（1981年到1982年）教我们81级物理2班的公共英语。1982年之后，虽然他不教我的课，但我们还经常见面。当时同学们都感到他人很好，年纪也比较大，所以同学们与他的交往就比较多。

毕业之后，各自忙各自的了，虽然心中惦记着这位老师，但一直没有与老师直接联系过，多次想去看望都因日程较紧而未能实现。三十一年后再次见到他，心里十分高兴，也很惭愧。惭愧之余便产生了想更多了解潘老师生平的想法，于是上网搜索，可是有关潘老师和杨老师的搜索结果不过三条，其中还有一条是体检留下的信息。令人惊喜的是，我发现宁夏大学杨满忠先生在一篇回忆老师的文章中，写了不少"文革"中求学的情景，其中就有一段写到潘老师：

> 我当时很爱画画，也很爱练字。高中毕业后还考过中央美术学院，由于工作及其他原因，未能如愿，但是练字一直坚持。高中时我模仿写字的有三位重要

的老师。第一是毛泽东主席,他的草书潇洒放浪,大气磅礴,书法界早有定论。第二是我的英语老师潘传耕。他曾是外交部的翻译,行书字写得太漂亮了,字如圆豆,工整、圆润而精美。如今已过去三十余年了,我还保存着潘老师给我批红的英语作业本。第三是我的语文老师孔灵。虽然她是个女老师,但钢笔字写得潇洒疏朗,刚劲帅美,学生们都十分佩服,有不少学生都模仿她的字……

这篇文章完全打破了我从前对潘老师的认识框架,他在宁夏固原中学工作过?他在外交部当过翻译?这就是在安徽教过我的潘传耕老师吗?好在叫"潘传耕"这个名字的人不是很多,而文中的描述"行书字写得太漂亮了,字如圆豆,工整、圆润而精美"更使我确信无疑,杨满忠先生所描述的潘传耕老师就是在徽州师专教过我的潘传耕老师。为了证实这一点,我在网上搜到杨满忠先生所在单位宁夏大学的电话,几经周折,终于打通了杨先生的电话。我俩在电话中一一核实了潘老师的一些特征,总算确认了杨先生所说的潘传耕老师就是教过我英语的潘传耕老师。杨先生还说固原中学有很多人都怀念潘老师,一直想专程到安徽看看潘老师。我直言不讳地说要看就尽早了,并发去我看望潘老师的一些图片。可是未等他们成行,潘老师就去了。我想请杨先生提供一些潘老师在固原的情况,却未能如愿,因此进一步加深了我对潘老师和杨老师这对夫妇的好奇。

2020年7月，我终于有了一次去宁夏海原的机会，我请求邀请方让我去固原一次，并请杨满忠先生介绍一位固原当地的潘老师的学生带我看看潘老师工作过的固原中学。因航班延误，只能在飘雨的夜晚，由杨淑媛老师的学生，曾在固原一中工作多年的丁志明老师带领我在校外转悠，却不见当年的遗存。

二、不想当老师的好老师

虽然在杨满忠先生处没有获得有关潘老师的详细情况，但我了解潘老师的人生经历的愿望有增无减。2016年4月18日，我根据4月10日从潘老师病床头所贴的纸条上抄的潘老师女儿潘忠民的手机号码，加了她的微信，并于晚上9点27分发了条微信："今天与宁夏的杨满忠老师联系上，他是潘老师在那里教的高中生。他说宁夏有些学生想念他，想要到合肥来看潘老师，我把你的联系电话给他了。我们很想了解潘老师的生平，您有这方面详细的资料吗？"

4月19日中午12点半，潘老师女儿发来一篇文章。我仔细看后才知道是潘老师的儿子潘忠党（美国威斯康星大学传播艺术系教授）写的回忆文章，可惜文章并未完整说清楚潘老师和杨老师的人生经历，在很多方面依然有谜点，甚至可以说由于提供了一点不全的信息，使得谜点更多更大。

潘老师和杨老师将儿子取名为"潘忠党",将女儿取名为"潘忠民",这在很大程度上确定了在儿女出生的那个年代他俩的内心状态。这篇五千一百五十四字的文章,题目是《被破碎的人生——关于我父母潘传耕、杨淑媛的点滴回忆》。作者以"近四十年来,宁夏固原一直是我梦魂萦绕的地方"开篇,说那里不是祖籍,也不是出生地,但在那里度过了非常难忘的六年多的童年时光。……在那里得到了人生的启蒙,既体验了人的淳朴和真情,也见识了贫瘠和荒漠……也正是在那里,近距离地观察了教师这个职业,萌发了从教的念头。

正是潘老师和杨老师在固原中学的执教经历,使其儿子不到五岁就"获得对教师这个职业的最初印象":

> 父母一人守着一张课桌,在台灯下工作,门外时常传来送作业本的学生响亮的一声"报告"!若父母都在上课,我就会自由地在固原中学的校园内玩耍……不知什么时候听到了父亲的声音,在好奇心驱使下,我循着声音跑去,在一排排的平房中,找到了发出声音的大房间。我踮着脚,趴在一个窗台上往里看,父亲手持一本书,面对着一排排坐得整整齐齐的大孩子,正在说着什么,然后这些孩子们就齐声重复父亲的话。

四十多年后,潘忠党跟垂垂老矣的父亲谈起重回固原之旅,提及一本名为《我们的老师》的书正在编纂中,编辑组成员中有兰书臣将军。父亲眼睛突然亮了起来:"兰书臣我记得!1963年的文科高考状元!"此时他断断续续地跟儿子讲起,他们夫妇1961年到了固原中学,成为第一拨英语教师。1963年高考,固原中学的考生文科成绩非常好,他们还因此在第二年被选送到银川接受表彰。

在潘忠党的固原记忆里,有教师们参加"文革"活动的场景和教师们被批斗的惨状。教师和行政办公室所在的房子,经常聚集了一些老师,参加誊写大字报和开会等"革命"活动。教师们当中有个名为"飞雪迎春到战斗队"的"革命"组织。父母都是誊写大字报的好手,校园里常能见到父亲和母亲用毛笔抄写的标语或大字报……家里不时有客人来访,不少是他们的学生。学生们对他们非常尊重,这种尊重每每流露于他们称呼"潘老师、杨老师"的语调中。

可是,有一天,父亲和母亲跟着左臂戴着红袖章的大孩子去了校园,说是"隔离审查"。其时,潘老师家租住在一户农民的一栋平房里。那天,潘忠党和妹妹正在外玩耍,听到母亲喊自己,就一起回去了。进了家,看到屋内放着两只收拾好的箱子,有个戴红袖章的大孩子坐在平时吃饭的桌前。母亲蹲下身来,对他说她和父亲要跟这位"红卫兵"叔叔去学校,接受"革命群众的隔离审查",一时回不了家,要他带好妹妹,一起到"爷爷奶奶"家去住("爷爷奶奶"是固原当地的农民,爷爷姓段,妹妹小时候由奶奶照看,他们家是忠党和妹妹在固原的避风港。父母被"隔离审查"期间,两个孩子就住在段爷爷和段奶奶家)。

再就是在大约现今的南城路和东关路交叉口,潘忠党撞见了一群头戴高帽、胸挂大牌子的"黑五类分子"游街示众,平日儒雅认真的荣茂根老师走在前头。当然,潘忠党也见识过全县开大会时,荣老师、自己父母以及其他被打成"黑五类分子"的老师们,戴着白袖章,低头坐在中学的队伍后面。以致四十年后,潘忠党说起要"回固原",父亲特别要他打听荣老师怎么样了。

"文革"中对老师的羞辱也影响到了还在懵懂中的潘忠党和妹妹。在父母被"隔离审查"期间,有次在当时的家属区,遇到了跟母亲关在同一房间接受"审查"的一位老师,潘忠党兄妹开始向她扔小石子儿,叫她"女特务"!她停下来,看到孩子们,就朝他们走去,在离得很近的地方,正视着潘忠党,轻轻地说:"小孩子要学会尊重别人,知道吗?"潘忠党虽然当时还是一副嬉皮笑脸的样子,但是内心已经知道惭愧了。

潘忠党说:"固原的生活最能牵动我们一家人,因为只有在那里,我们曾经一家四口团圆地生活在一起;只有在那里,我们有段爷爷和段奶奶的庇护和照料;也只有在那里,我们才一起经历了生活的形形色色的磨难。而在固原的生活,对于我们而言,就是在固原中学的生活。我永远不会忘记固原中学校园内一排排的平房,家属区内的土坯房,校园后面的食堂和水房;我当然也永远不会忘记,父母如何被'隔离'在了家属区的土坯房内,而我,独自攀上校园后面的土墙,望着校园发呆,第一次感受到了后来我才知道名称的情感——伤感。"

或许人同此心,潘忠党的内心也早有我一直想知道的疑问:"一对三十多岁的年轻夫妇,携带着年幼的儿子,从北京这个祖国的中心来到宁夏固原这个他们事先都未曾听说过的地方,那该是一种什么心情?为什么生活有这么大的转折?"潘老师和杨老师生前多次说过,特别想再"回固原"看看。多年以后,潘忠党给失聪已经很严重的父亲讲起重返固原之行时,他对固原依然记忆犹新。除了为兰将军是1963年宁夏的文科状元和1964年他们到银川接受表彰而自豪外,也讲起他们辗转到固原的经历。

原来,潘老师和杨老师从来没有选择过当教师,而且在他们所处的特定历史时期,他们从来都没有真正成功地选择过。大约唯一例外的是,1971年他们选择将自己的儿女送回到祖籍安徽休宁,并将户口落在那里。

潘忠党曾多次问父母:当初怎么参加革命的?直到杨老师生命的最后两年,才从她口里获知:她1949年在长沙高中毕业,约了同学北上,是为了报考大学,但到了北京后,遇到了部队学校招生,便进入张家口的中央军委工程学校。而潘老师则是因为高中毕业当年没有考上大学,准备再报考,在安徽休宁家中赋闲时,遇到了芜湖干校的招募。潘老师的母亲反对他走远,觉得在芜湖挺好。不料他却被组织选拔去北京上学,他只好瞒着自己的母亲上路,一别整整十三年。直到1963年在宁夏固原中学任教两年后，潘老师才第一次带着杨老师和幼小的潘忠党回到了安徽休宁的老家，得以全家团聚。

而此前的1957年，潘老师和杨老师的人生便随着时代发生了转折。在1957年之前，他俩都已走出校门，在军委二部（后来的中央调查部）做情报翻译工作若干年。其间，他们成婚了，而且成了中共预备党员。就在这个时候，反右派斗争发生了，他们双双成为"右派分子"。

潘忠党曾经试图问清楚父母究竟缘何双双成为"右派分子"，他们每每都语焉不详。2013年，借着报告固原之行，他再次问父亲，潘老师还是如此，只是说，"在支部的鸣放会上，谈了点自己的思想状况"。但是，当父亲得知潘忠党答应了毋乃明先生要写篇回忆文章时，他突然说："你要把这点写上，也许我和你妈妈都需要反思，当时我们是不是太自以为是，没有处理好跟有些同事的关系？"

几经搜索，总算找到潘老师和杨老师少量的生平信息：潘传耕，生于1930年4月4日。在战乱中辗转求学于南京，1948年毕业于南京市第四中学，因战乱而中断学业。1949年冬参加工作，进入芜湖干校，并于次年初被选派到北京，进入中央军委干部学校继续深造。1954年5月被分配到军委联络部工作。1957年被打成"右派分子"。

杨淑媛，生于1929年11月8日。早年在家乡湖南长沙求学。1949年从周南女子中学毕业后北上参加革命，进入张家口中央军委工程学校，同年底转入军委二部的干部工程学校。1950年4月转入军委二部工作。1957年被打成

"右派分子"。

显然潘传耕老师很聪明,少年又生活在号称"第一状元县"的休宁,在南京求学生活过,国学底子不错,英语水平也很高,当年在单位当属于业务能力很强的人;杨淑媛老师,堂堂湖南周南女子中学毕业生,心直口快,说话声调柔和,又有些许倔强。如果说他俩的才能和个性决定了他俩的命运,那也必须以置于特定的环境之中作为前提。他们本应充分发挥聪明才智干一番辉煌的事业,而他俩的命运又使后人对他们当时所处的环境产生谜一样的无限猜想。

1958年至1961年,潘老师和杨老师一起下放到河北柏各庄农场。1961年,他们从河北的柏各庄农场回到北京,当时适逢给"右派分子"摘帽,他俩有幸都在摘帽之列,当然也包括工作安排。这批摘帽"右派分子"自然不能继续在中央机关工作。1961年8月,他们被告知:要支持宁夏大学的建设,去那里参与组建英语系。到了银川,却又遇到了办学"紧缩",宁夏大学英语系暂时不办了,于是他们又被告知:先到宁夏的一些重点中学,开设英语课,为宁夏大学英语系的组建储备人才。潘老师和杨老师于是被分配到了自治区重点中学之一的固原中学任英语教师。

对于他们从北京到银川再到固原的旅途,潘忠党曾想知道父母当年的内心活动,但是,他们从来不说什么。五十五年后再次追问,潘老师却只说一个"险"字,当时他们是乘羊皮筏子过黄河的。他们就这样被羊皮筏子载着步入教师生涯,开始了未做任何规划,甚至是始料未及的二三十年的教师生涯。

从1961年到1978年的十七年，潘老师和杨老师在固原的经历，似乎成为他们人生中最大的谜点。

能为这谜一样的猜想提供有限参考的是，他们在1971年就下决心把两个孩子的户籍落到潘老师的祖籍安徽休宁，而直到1978年夏，潘老师和杨老师的工作才调动到安徽，1978年9月任教于宁国师范，1981年8月调到徽州师范专科学校（后改名为黄山学院）。就在那时那刻，我和潘老师、杨老师的人生轨迹相切。也就是说，早在1971年两位老师就把自己的心定向到皖南了，十年后的1981年才将自己的工作关系等落定到自己内心向往安身的地方，其间所经历的每一道环节都是谜。

他们不只是在"反右"的时候被划分为敌我中"敌"的一方，在倾心工作获得一点成绩和喜悦之后，又在"文革"中被"隔离审查"。潘忠党记得，在当时的固原中学、地区第二人民医院都见过举止儒雅、操着南方口音的知识分子。他们都是当年因为种种"政治问题""被弄到"固原去的，他们为固原的发展做出了不可磨灭的贡献。

仅仅因为他们的教学，固原中学就有很多学生的命运发生了变化。潘忠党作为恢复高考后的第一届大学生考入了北京广播学院（今中国传媒大学），同一届的同学田广就来自宁夏固原，田广对潘忠党说："我是你母亲的学生，固原中学来的!"多年后，他们都获得博士学位，成了大学教授。

当老师并非潘老师和杨老师自己选择的职业。他们离开固原后还留在教师这个行当内，也并非他们自己做的职业选择。潘传耕老师曾经告诉潘忠党，1979年他们得到"改正"后，曾有机会向原单位提出安排工作的要求，可是两位历经坎坷的人除了想回到潘老师的祖籍外，提不出任何要求，因为他们已经长期习惯了"被安排"而失去了做出自我选择的意识和能力。因此，他们稍有自主的机会就想回到自己的祖籍地，于是就选择不需要再选择的教师这个职业，并一直从事这一职业到离、退休。他们在所任教的学生心中留下深刻印象，成为众人称颂的好老师。

而在潘忠党的心目中，父母一直是固原中学的教师，他们的一生也因为曾经是固原中学的教师而变得鲜活充实。受此影响，潘忠党从小立志当老师。

三、回溯印证与新的迷惑

潘忠党说，"告别固原以后，我就再也没有机会观察父母作为教师的工作甚至生活了"，而我和同学们则是后来那段时间潘老师教师生涯的观察者。

能撩起我回忆的还是潘忠党的一段描述："每逢有客人来，我父亲总是在滔滔不绝地说，母亲通常是非常安静的人，有时会以她静柔的腔调插上几句话。我还记得，经常来的学生，不少都知道我父亲有癫痫病，发作起来我和妹妹吓得拔腿就逃，而他们却冷静地帮助我母亲，把父亲扶上炕。"这也是我们一些同学见到潘老师家经常复演的情景。

1981年9月，我们在徽州师专物理2班开始学习的时候，我被分在第三组，按个头的高矮排座位，我和来自铜陵的潘杨同学坐在第一排。潘老师来上课的时候常拎着一台台式录音机，放出的声音或许后排的同学还听不清，前排就有些炸耳了。潘老师讲课的时候激情四溢，抑扬顿挫，还伴随着手舞足蹈的体态语言。由于我当时的英语成绩并不好，我非常害怕潘老师提问。可是情况并不像我想的那样，他讲课时目光经常盯着我，提问的时候却较少叫到我，反倒是我身边的潘杨常常被叫起来。有一次他竟然还添上一句："你的名字很好记，所以我叫得多，你爸姓潘，你妈姓杨，是吗？正好跟我家里一样。"

一开始，我们到潘老师家还有些胆战心惊，找不出什么理由，就随着英语科代表蒋高潮一起在晚间交作业本的时候去。潘老师一家当时住在一间俗称"飞机房"的工字形平房里，用木板隔开，里面放床和办公桌，外面再放一张办公桌和吃饭的桌子，在房门口屋檐下搭建了个放锅灶瓢盆的地方。屋内较挤，同学们就搬凳子在门外面场地上坐着聊聊。大约一年后，学校里建起了一栋四层的教师宿舍楼，每套有厨房卫生间，但总面积也就四十多平方米。年纪不小的潘老师住在四楼，面积虽小，但住上新房总是很高兴。我们不只上他那里聊天，有一次还把聊天经过写出来发表在《徽州师专》校报1982年3月出的第23期上，原文如下：

语重心长

我和蒋高潮、齐盛达三人晚饭后一道到潘老师家去玩。我们兴奋地登上教师宿舍前排新四楼，当我们从窗口看到房内没有灯光时，都感到怅然，以为潘老师不在家。上前叩门，却听到里面响起了脚步声。门一打开，"咔嚓"一声，灯亮了；等我们快进到潘老师房间时，"咔嚓"一声，外面房里的灯又关上了。这一举动，使我肃然起敬。

走进潘老师的房间，他正伏案工作，面前放着几本厚厚的词典和一沓备课纸。看到我们进来了，他立即起身满面笑容地叫我们坐下。这些行动，使我们真不知怎么办才好。潘老师和我们讲如何做人，如何使人生更有意义。

他说："……青年人应该有理想，有抱负，我们年轻时只有一个念头，就是如何推翻蒋介石国民党的反动统治，可你们就不同了。你们生长在和平环境中，就应该想着如何学点知识，将来为人民服务，为四化做点贡献……据我了解你们这一届学生学习没有上几届的刻苦。"

他说："有的同学以为进了师专是大材小用，有的人又抱怨学习条件不好。这是不对的……我觉得当老师很好，你们看这是我的许多学生的来信。"说着，他从书橱顶上拿出两大捆信，"以后你们有时间可以看看，每当我看到这些信我都很高兴。至于条件，我小时在部队每月只有五毛钱的生活补贴，一边打仗，一边还要学习，想攒点钱买本字典，要省下几个月的生活补贴。你们现在总不至于连买本字典的钱都没有吧？"

接着我们谈了许多学习和生活中遇到的问题。

从七点一直谈到九点半，我们要起身走了，潘老师从抽屉里拿出一本刘少奇同志的《论共产党员修养》给我们，并说："这本书很好，你们看看有好处。"

他送我们到门口并嘱咐我们："以后有时间再来玩啊！"

走下楼，我们像是从温泉浴室中走出来一样感到愉快。

需要补述的是，我们进门时的开门者正是杨老师，她先把小门厅的灯打开，待我们进门后又把小门厅的灯关掉。潘老师讲我们的问题是有针对性的，1981年由于《安徽青年报》刊登安徽招生信息的时候漏掉了徽州师专，所以那一年，除徽州地区以外，徽州师专招收的都是本科线以上的学生，同学们进校后确实感到委屈和迷茫。也正是因为这样，学习物理专业的我迷上了陶行知研究而走上教育研究之路，虽不算完全听了潘老师的教导，但当时他的言辞确实在我的心中发生了碰撞。

更让我受到教育的是，前文发表后，潘老师给编辑部写了封信，在第24期上以"来函照登"刊出此信：

《徽州师专》编辑部：

贵刊第廿三期储朝晖同学的一篇文章谈到我曾说"……我小时在部队每月只有五毛钱的生活补贴，一边打仗，一边还要学习……"与事实有出入。首先我并非小时在部队，而是在青年时期。其次，我虽在部队，但并未打过仗。请予更正。

潘传耕

这既让我懂得文字严谨的重要性，又让我感到过往的生活依然在潘老师身上产生着不小的影响，而在当时我对此茫然无知。

在潘老师任课期间，我曾两次亲眼见到他的癫痫发作。第一次是在课堂上，他正放录音领着同学们读，突然看到他身体往下沉，两手还试图撑住讲台，但很快倒地，口吐白沫。全班同学或许此前都未见过类似的事，大家都慌了，七手八脚把潘老师抬到医务室，他休息一段时间就醒过来了。第二次则是在打了上课预备铃的时候，他提着录音机正准备去上课，还拿着些书本，站在办公楼前的一棵紫薇树下。当时紫薇花初开，很是漂亮，我从南往北迎着他走过去，他也看着我，似乎在微笑。在离他一两米处时，我先是看到录音机掉到地上，然后他整个身子倒下，四肢僵硬，口吐白沫。这次倒是有了思想准备，我毫不犹豫地拦了几个老师和同学把他送到医务室，仍平安无事。

转眼潘老师离开我们已经数年了，虽然他对我直接教学的时间很短，但他对我的影响却深刻久远。他谜一样的人生经历是可供反复研习的教材,他光明磊落、为人忠厚、襟怀坦白、谦虚谨慎、平易近人的品格,无私奉献、脚踏实地、一丝不苟的作风,严于律己、为人师表的风范更是为人师表的很好镜鉴。他教给我们的不只是知识,还有人生智慧。

(原载《教育家》2017年第16期,收入本书时有增改)

人师方前

方前先生是位经得起时间检验的人，是人师。

除了在开学和几次学校开全体学生会上听过方前先生讲话以外，他没有给我上过一次课，但他是在我心中留下深刻印象的老师。

我俩的人生旅程第一次发生关联是在1981年。那年我参加高考，他是徽州师专赴合肥招生的领队。当时《安徽青年报》刊发安徽省高校招生信息时把徽州师专整个漏掉了，于是方前先生向安徽省招生办公室提出：因为出现了这种情况，造成没有学生报徽州师专，学校请求在达到本科线的考生中挑选志愿表上填了"服从调剂"的学生。这一请求获得准许，所以1981年徽州师专在徽州地区以外招收的学生的考分都是本科线以上的。其中与我同县的一位同学的分数在当年超过了重点大学的录取线，也被录取到徽州师专，我也以高出本科录取线的分数被录取到物理专业。于是，这开启了我俩的缘分，也在一定程度上促成了我迷上陶行知研究。

开学后，学校召集新生开会，会上安排领导讲话，时任副校长的方老师第二个讲。由于第一位领导是照稿子念，台下的四百多位同学有的开小差了，有的开"小会"了。

方老师手上也拿了张纸,也许纸上只有提纲,但他是用中低音不紧不慢地讲而不是念,而且讲的主题是要稳定思想。他针对大多数同学都觉得自己考出本科成绩却进了专科学校吃亏了,有些屈才的想法,讲明要安定思想,安心学习,不要在后续各门功课的考试中吃败仗。同学们听到这些话都觉得比较实在。这是我对方老师的第一印象。

此后,由于我给广播站和当时油印的《徽州师专》写稿子,在送稿子到行政办公楼的宣传部投稿箱时,上下楼偶尔会碰到当时已是学校党委书记的方老师,我就自然和他点头示意打招呼,他也微笑着向我点头还礼。在有点森严感的行政办公楼里,我感到这是很难得的惬意,老师对学生尊重显然是一种激励和教育。尤其是在刚开始的时候,我知道他是书记,他不知道我是谁,只知道我是学生,我完全不知道他是什么时候记住我的名字的。

1982年底或1983年春,有一天我到屯溪的一些工厂调查后沿着延安路向学校的方向走,忽然听到身后有个人叫我的名字:"储朝晖,回学校吗?上我的自行车吧!"我转身一看,正是方老师。因为此前没有别人骑着车我跳上后座的经历,我心里还有点怵,便推说:"我走回去可以,您上前吧。"不料方老师把车速放慢了催着说:"上来吧,顺便嘛。"于是我手忙脚乱地跳上方老师自行车的后座和他一起回到学校。从此以后我们就是熟人了,相互说的话也就多了。

此后,又有一次我在行政楼的楼梯上同时遇到方前老师和当时在学校资料室工作的徐之珩老师。因为我经常泡在资料室，所以和徐老师很熟悉。一次他看到我写的诗和文章，一问得知我是物理系的，很是惊讶，便与我交谈了几句，之后我们关系就更加亲密了。徐老师让我帮他做些资料室里的体力活，也让我看些一般师生看不到的资料。后来我才了解到，徐老师1928年生于浙江德清，比方前老师年长六岁，祖上是名门望族，五世祖徐倬曾任清翰林院编修，主持编校《全唐诗录》。因袭祖传，徐老师工于诗词，毕业于复旦大学物理系，分配到安徽师范学院物理系任教；后历经坎坷，本是高才却未能发挥。那次在楼道里三人相会打招呼的场景我没在意，却被历经沧桑的徐老师观察得很到位。

事后有一次我到资料室，徐老师把我拉到角落轻声问我："你怎么跟方书记关系那么好？"这是一个我从未想过也不知如何回答的问题。我正在那里发愣的时候，徐老师笑着说："你别装傻，我那天一眼就看出来了。"后面他补述了很多，大意是说：这是好事，方书记的学问怎么样他不知道，但方书记为人是好的，见面总是笑呵呵的，没有其他领导那种给人不舒服的感觉。这是我第一次从一位历经磨难的老师处听到对方老师的评价，也为我此后观察人提供了一个新视角。

1984年，我们在此前学习陶行知和调查研究的基础上成立了"徽州师专教育科学研究协会"学生社团。同学们于6月13日开会讨论，决定请方前、钱继芳、黄安澜当顾间，推我为社团主席。6月16日，我们准备了一些材料后就去找方老师汇报，他听了很高兴。我们准备在7月1日开成立会，想请他参加。方老师看了自己的日程安排，说7月1日已经有其他安排，最后确定在6月24日。不料这个时间还是跟教务处确定开教务会议的时间冲突了，后来教务处副处长在办公楼楼道里见到我直喊："储朝晖，你搞什么名堂？我们好不容易凑个时间开学校教务会议，你倒把书记拉到你那里去了！"事实上我确实不知道那天学校要开教务会议，倒是觉得方老师在会前肯定是知道的，两相权衡，他选择参加我们学生社团的成立会，这更让我由衷感佩。

1984年6月24日，徽州师专教育科学研究协会成立会召开，方老师不仅自己来了，还带来了教务处副处长宋英发、宣传部副部长苏雪卿、校团委书记钱萍。在我对各位领导、老师到会表示感谢，介绍本协会成立缘起、开展活动的设想，何慧冰宣读协会章程后，方老师就我们的活动设想和章程说：

> 这是一件非常好的事，一是说明大家对搞好师范教育有自己的想法，二是说明大家都有志于教育科学的研究。我相信以你们为种子，就会有更多的同学参加。
>
> 章程设想不错，宗旨清楚。希望你们先选出理事会主席、理事长，再发展会员；校外会员暂时不去发

展，可以考虑老会员毕业后还是本会会员，这样很好。

协会成立后，对于你们开展的研究活动，我提几点想法。1. 研究一定要有中心议题，可以请老师当参谋、指导。这是学校成立的第二教学渠道，是出人才的渠道，所以大家开了个好头，请教务处考虑给予一定的费用。2. 邓小平同志指出了"三个面向"，目前的研究可以从理论上探讨教学内容、教学方法、不同层次的教育怎样体现"三个面向"。3. 教育很大的一头在农村。农村教育值得研究，如歙县是全省第一个普及小学教育的县。初中教育及其师资、财源问题也值得研究。教育学、心理学上新的分支，理论上的研究都可进行。暑假到农村去调查是很好的方式，具体的组织情况可向教务处提出。陶行知的教育思想很值得研究，今年10月有十几个省参加陶行知研究会议，你们也争取参加，理论联系实际。最后，希望协会不断发展，我们表示祝贺！

宋英发说："代表教务处向你们表示热烈祝贺！不仅教育学需要，而且其他各学科也需要你们这样的精神。我们能够办到的一定办到……暑假下去也很好，要理出提纲，建议要持之以恒，要几代人坚持。"然后就离开了（后来才知道那边在开教务会）。苏雪卿说："你们敢想、敢干，一定有成就……宣传部大力支持。"钱萍说："确实感到很高兴，教育科学研究协会的成立是我们学校教育与教学发展的一个飞跃……要培养具有革新的能力和创造的能力,就如在座的所有同学一样,这一点今后一定不能丢。"教育学教师黄安澜说:"要处理好专业学习与教育科研的关系,教育科学研究不是孤立的研究,它和伦理学、经济学、社会学、人口学相关,要用这些方面的知识来武装自己,要获取新的信息。"

在听完老师和会员的发言讨论后,方老师叮嘱:"现在时代要培养开拓型、创造型的人,改革牵一发而动全身,大家想了很多,这很好,研究任何问题都不能脱离中国国情。……大家要看到改革的曙光,做探索的先锋。"

在各位领导、老师离会后,我们讨论确定了协会的成员组成和1984年暑假进行调研的方案。会议第二天晚饭后,由我将会议的情况向汪如淳副校长做了汇报,汪校长表示支持,鼓励大家好好干下去。假期我和会员同学们对太平、石台、黟县、歙县、绩溪、怀宁、桐城等地进行了教育与社会调查。此后,我们以6月24日作为协会成立的纪念日。

由于方老师的态度,学校各部门都支持我们的工作,这对同学们鼓舞很大。1985年1月17日,教务处副处长宋英发第二次参加协会的会议时说了这样一段话:"应该支持协会,这一年协会力量壮大了,做了许多工作,取得很大的成绩,特别是暑期调查。这对于今后如何培养合格中学教师很有意义,对学校实施教学改革也大有助益。以前思想还有点保守,后来事实教育了我,你们确实为了研究教育科学付出了很多,以后定会做出更大的贡献。像这样好的组织,我二十年来还是第一次见到,这个精神相当好,以后要继续坚持下去。"

当时我还担任校广播站编辑负责人,对于学校开展的各种活动,有时我安排人去报道,有时自己去采访。学校一旦有什么紧急的事,都能看到方老师的身影。有一次学校被洪水淹了,方老师卷起裤腿满校园跑,对师生遇到的难处及时想办法解决。由于我与方老师一起参加活动的机会相对比一般同学多,至今尚有印象的是1984年11月,方前老师以徽州学学会副会长身份主持召开纪念戴震诞辰二百六十周年学术座谈会。会上发了一份印有戴震头像的折页,我联想到方老师就住在校内门口有一对狮子的房子里——那是戴震的故居,他肯定花时间研究过戴震。我是在那次会上初步了解了戴震及其哲学思想,并与陶行知继承他"遂民之欲,达民之情"的思想贯通。

1984年下半年,我除了写调查报告,12月21日还写了一篇题为《实践陶行知的教育思想,创办徽州社会大学》的文章,经程嘉兴副处长(后任校党委副书记)推荐,我参加了当时召开的徽州地区经济文化发展战略讨论会。我是参加会议的唯一一位学生。大会主持人特地为我安排了一个大会发言,我发言时,方前老师坐在会场前排听得满面笑容。

1985年临近毕业分配时,安徽省陶行知纪念馆派程仁灏老师专程到师专,找到校领导要求把我分到安徽省陶行知纪念馆工作,并征求我个人的意见。当时连同陶行知纪念馆在内有三个单位都跟我说想让我去工作,我都做了原则性的回复:"服从分配"。我内心里还是希望从事陶行知研究的,学校领导综合各方面意见,也倾向于把我分到陶行知纪念馆。但这件事遇到两大阻力:一是我的家乡安庆坚决要我回去;二是徽州师专歙县籍的学生较多,他们都想回歙县,而回去的名额有限。为解决这一难题,方老师和其他学校领导不辞劳苦多次开会研究。数学系主任汪沸老师提出用一名数学系毕业生顶我的名额去安庆,安庆那边不同意;又有人提出减少安庆去部队的指标。学校在当年来自我家乡岳西的毕业生中发了张调查表,内容就是询问是否回岳西。由于三家希望我去工作的机构都不在岳西,我就明确选了"否";而另一位从岳西来此读书且任校学生会主要干部的同学与学校一位老师的女儿谈了恋爱,不知出于什么原因他却和其他几位同学一样填了"是"。那位老师自然和方前老师很熟悉,据说两家还有亲戚关系。那位老师在女儿的要求下也就此事找过方老师,但方老师没有照应这层亲戚和熟人关系,最后学校坚持原则将那位同学分回岳西,竟造成热恋的一对儿两地分居多年。我一直心存内疚,同时又从内心敬佩方老师以事业为重、坚持原则。当时主管分配工作的组织部部长杜雪华老师做了大量工作仍未能解决我的分配问题,直到7月初也没有定下来。她告诉我:"你回家等消息吧,这里的事我们负责,我们尽可能使你发挥专长。"我回家后接到她7月15日写的信,信中说学校将我这一特殊情况汇报给省教育厅,王世杰副厅长对此很重视,省教育厅专门为此发了一个文件,将我分配到安徽省陶行知纪念馆工作。后来在徽州师专见到杜雪华老师时,她告诉我:"为了你的毕业工作分配,学校开了不下二十次专题会议。"

1985年6月29日,我准备离校回家前,方前老师为我写了"学习陶行知先生,实践陶行知教育思想。——与朝晖同学共勉"的赠言。

我工作后的第一件事是1985年9月份带着《陶行知农村教育思想与实践的研究报告》去合肥参加安徽省教育工作会议。当在江淮饭店三楼楼梯口遇到同来开会的方老师时,方老师笑着祝贺我:"您的愿望终于实现了!"我激动地说了声:"首先要谢谢您!"

此后,我俩的直接联系少了,仅从我兼课并开展教改实验的安徽省行知中学同事——方老师的妹妹方完处听到一些他的消息。1990年至2000年的十年里,我俩仅有两次见面,一次是方老师任黄山市政协副主席时,我骑自行车从歙县到屯溪的市政协办公室看望他,他开导我勇敢面对人生困难;另一次是外省一位政协副主席(也是曾经的学校领导)到黄山想参观陶行知纪念馆,方老师与他有相同的经历和对世事的看法,便专门陪同,我为他们做了讲解。

转眼就到了2013年7月,中国陶行知研究会组织了一次在屯溪的培训,安排我去讲课。当时从市政府行政岗位退下来依然热心陶行知研究事业的汪智明老人问我到屯溪还想看哪些人,他都熟悉,我就提到了方前老师。于是我们约定7月17日一起去看望方老师。这是大约十五年未曾相见后的又一次见面,我们都倍感难得。

2020年8月,在全国人大工作的一位熟人转发了一个关于教育问题的帖子,并告诉我说是方前老师转发的。我当时就意识到可能是方老师有意让他转发给我的,就问他是否有方老师的微信,于是我和方老师加上微信了。8月16日,方老师从微信发来一段话:

> 朝晖研究员,你好!常在电视或报刊上看到你对当前教育领域的一些突出问题发表真知灼见,很为你的成就感到高兴!对当年你在师专和歙县陶馆时的情况,我仍历历在目,深感珍惜人才的重要。我已年迈,身体不是很好,但仍对教育事业十分关心。希望你永远以陶为师,在工作中做出更大成绩!

2020年9月10日,我给方老师转发了《教师博览》刊发的我写赵振华老师的文章《人品与学问价值永恒——追忆赵振华先生》。方老师看了后,9月11日在微信上回复:

> 你以敬佩和感恩的真情,追忆赵振华老师的人品与学问,写得真实而感人。赵振华先生确是一位好老师!他一生坎坷,但在党的十一届三中全会后获得了

重生。你在文中写了他不少情节,其实从1979年我请他来师专任教至1986年他退休前,我竭力为他评为副教授,从而为他画上一个较为圆满的人生结局,然而其间还有许多不为人知的情节。你如想了解,可在今后来屯溪时,再向你详述。祝学术精进,事业有成,家庭幸福!

此后,我们便偶有微信问候。2020年12月4日早起,我发信息:"方老师,昨晚梦见您,近来身体可好?"方老师回了幅皖南特色的图片——一群老人拿着手提火炉在房前烤火晒太阳。

2021年2月11日,我发语音向方老师问候,又听到他爽朗的笑声。我趁机问:"我知道2021年是您进米寿,但我问了好多人都不知道是哪天,您能不能告诉我,到时候我发个信息祝贺一下。"得到的回答是:"我不会告诉你的,你到黄山一定要到我这来玩啊。生日不会告诉您,我不做,我不做……"我确实多方打听,都说不知道,这就是方前老师的境界。

2021年5月29日,方老师在看到《中国教育科学》第3期发表我写的《我从事陶行知研究四十年的回眸与感悟》一文后,在微信上给我留言:

> 朝晖同志:谢谢你寄来"回眸与感悟"长文,我连续多天,每天挤时间阅读。读后深为你四十年如一

日，一以贯之学陶师陶的精神与学术成就而感佩，同时也为原徽州师专有你这样的校友而骄傲！文中所述当年你在校期间所开展的各种学陶师陶活动，我都清楚记得，特别是毕业分配时的那场博弈，最后是我亲去省厅修改了派遣计划，才使你如愿以偿走上了终生以陶为师的道路。四十年来，你已取得丰硕的学术成就，如今仍在继续奋斗！不久前，党中央开会研究了教育改革工作，望你继续深入调研，运用陶师理念，着力破解教育领域"急难愁盼"问题，为办好人民满意的教育再做贡献！同时随着年龄渐长，还望多多注意身体。

看后我想只能继续努力。

虽然问了不少熟人，还专门托人询问了方老师曾工作过的黄山市政协，但还是未能得到方老师准确的生日，我心中还是想以一种方式纪念，就撰文《人师方前》，于2021年第7期《教师博览》刊出。发给方老师看后，他回复如下：

朝晖学弟：发来《人师××》一文阅悉。你在文中所述的一些人和事，我也基本上都还记得。但文中对我的某些评价过高了，我不敢苟同。我从事教育工作四十余年，始终本着为党和国家培养人才和因材施教理念，在当时各项条件都并不优裕的情况下，我所工作的几所学校（屯溪一中、徽州地区师范学校、徽州师专）都涌现了许多优秀人才（包括你在内）。他们的学识和成就都远在我之上，真正是胜于蓝！因此我历来将师生之间定为师友关系，即老师与学生之间亦师亦友，而且师与生也是可以相互转换的。因而师生之间也应该是平等、和爱的，完全不应有什么架子。不知你以为然否？顺祝夏安！

亦师亦友，"平等、和爱"是方老师的师道。

（原载《教师博览》2021年第7期，收入本书时有增改）

周仕进、储茂连：好老师需要践行

自从开始关注教育，就关注教师。1991年，王素馨、尹俊龙主编《园丁寄语》（希望出版社1991年版），邀我写出对教师职业的感悟，我写过两段话："人世间从来就没有永久的老师，谁掌握了真理，谁就是老师；谁具有了技能，谁就是老师；谁代表了先进的生产力，谁就是老师；谁具有了高尚的品德，谁就是老师……"；"真理、技能、先进的生产力、高尚的品德都不应只是书本上的，只有在你深入实际去干、去生活了之后，才能真正拥有它们。一旦你不再这样去干、去生活、去追求，你便立即失去了它们"。这些话现在看来不仅适用，还有其现实意义。

一

事实上教师是教育研究中最为复杂的问题之一，在此不想对它进行论证，只想用自己的切身感受说明自己对教师的评价方式与标准的见解，以及这些见解在自己身上的体验来源与基础。

一走进学校，孩子们就会形成"好老师"与"坏老师"的概念。

我破蒙的时候，比我稍年长的同学便将他们建立起的"好老师"标准传给了我，他们认为一个老师好不好，就在于他"恶不恶"，这里的"恶"是严厉的意思。这种观念至少左右了我整个小学阶段的生活。

然而到了初中阶段，我开始怀疑这一标准。学校有三个平行班，一班班主任是一位年龄最长、传闻最"恶"的王老师；二班班主任就显得有些斯文、稚气；三班班主任个头不高，看上去年纪与二班班主任差不多，很难从他的面部表情或言行中体验到"恶"的感觉。分班结果出来后，我被分在三班。

于是我对三班班主任有了更多的了解。他年轻，却取了个传统而稳重的名字——周仕进，刚刚高中毕业到这所学校任民办教师。在第一个学期里，周老师既当班主任，又教语文课，还兼任校团委书记，而我则是班里一般般的学生，除了常穿着爷爷硬要为我做的长衫长袄与其他同学形成较强反差以外，至少我自己再也找不出周老师能在哪方面将我与别的同学区分开来的突出特征。

然而，这位老师在我和同学们心目中的印象则由当初的似乎不起眼到日益深刻高隆。周老师很简朴，除了两套换洗衣服以外，就没有看见他穿过第三套了，甚至有一次我看到他正等着穿那件洗过的汗背心晒干后去上课。他很准时，因此对于自习、早操、集合、劳动或其他临时性活动，同学们从不敢延误。他平易近人，他的住房兼办公室，同学们只要喊声"报告"就随时可以进去。考试后的判卷，他可以让学生当面看着，哪里对了，哪里错了，判得你口服心服。不服的可以当面和他争，有时还真能争得一分半分。因此到他房间的学生很多，特别是遇到有什么活动或考试之后，那里总是挤得水泄不通。还有一件事令大家印象深刻，当时传闻三班是一班、二班将尖子生抽走后剩下的生源较差的班，他便把这个传闻当真事儿在班会上公开，要求同学们努力上进，在各方面都不要落在一班、二班的后面，而且他一直想尽一切办法实现这一目标。

不料到第二学期，或许是同学们的错爱，或许是他的精心安排，我成了班里的学习委员。或许恰是这个岗位，促进我把学习当一回事，各种活动也不落下，成了班里语文成绩较优秀，其他各门成绩较均匀的学生；更让我没有料到的是，到第三学期，我又以高票当选为班长，并且在不满十四周岁时就破例入了团。这班长一当就当了一年半，直到初三全年级依据考试成绩重新编班。我虽被编进好班并进入其中的好组，但事后与同学们谈论起来怀念的仍旧是老班。

初中是我人生最为关键的一个阶段，而在这一阶段中周仕进老师和当时教我们数学课的储茂连老师则是我成长的关键他人。现在已想不起他们当年都具体说了些什么，做了些什么，所能记得的只是当时这两位都是民办教师身份的老师，在学校中的地位近乎边缘，尤其是茂连老师有时会央求着同学们学习。同学们不止一次看到他在课堂上声嘶力竭，有时不得不用圆规或三角尺撑着讲台休息片刻，待缓过气来接着再讲。同学们很难把他们与"恶"字联系起来。他们想尽所能把班级学生的学业及各项活动安排好，同学们为他们的精神所感染，不愿懈怠；几个调皮捣蛋点的，玩得稍出格便会遭到同学们的白眼，也就只好在背地里玩玩。

偶尔翻阅过去的日记，其中写有一些献给我所尊敬的人的词句。1979年8月3日写的献给周老师的几句话是："三年师生百年友，忠诚老实正直，无目不睹；稳重积久显聪明，刻苦操劳辛勤，深受尊敬。师您之徒随您行！"1979年7月11日写的献给储茂连老师的词句是："为师姿态高，学生无不朝。竭尽心思把花浇，换得风景美好。回望征途足迹，尊师情更高。莫怨学生无能，虚度青春，他将毕生书写师生之情！"表达了初中毕业离校前的真实感受。

然而在当时，我并没有认真思考好老师的问题，心中好老师的标准虽有改变但还没有确定下来。只是到了初三那年，学校为我们这个依据考试成绩重新编排的好班配备了校方认为是最好的各科老师，这倒给了我一些关于好老师的新体验。因为要以分数论英雄，大家都很计较，在排座位、提问及日常要求上不少同学们都感到老师好像有些厚此薄彼。虽然在这个班里我们的知识水平都获得了不小的长进，但同学们却难以感受到哪位老师是真正的好。老师们不可避免地偏向成绩好的学生以确保自己的工作业绩，这是片面的教育评价标准产生的结果，可能当时的老师也没有有意识地去思考何谓好老师的问题，为了能有好的

"业绩"也就顾不得那么多了。

自古有言"名师出高徒",可是我在高中的一次体验却不能支持这种观念。我当时进的是一所重点高中的重点班,所有任课老师都名气不小,而教我们语文课的许老师名气更大,是当年当地被打成"右派分子"的有名的"三国"(名字中间是"国"字的三位老师)之一。我当时的语文成绩还不错,有一次我写了篇描写拐卖妇女送别场景的作文,由于亲眼所见,写得令人感动。这位老师上课时将其中一段读给全班同学听,然后戛然止住问道:"你们认为这样的文章怎么样?"一些同学不明就里地接着答道:"好!"不料这位老师厉声道:"词语是用得尚可,如果你们写出这样描写社会阴暗面的作文,我保准你们考大学灰飞烟灭!"这完全是用他的人生坎坷换来的对学生的忠告,然而作为老师,采取这种方式处理问题对学生来说确实是很大的打击。此后,我每逢写作文便没有精神,以致影响了我的高考语文成绩。这件事使我相信名气大的老师未必就是好老师。

时下人们寻找老师时又有了一些新的标准,比如不少人想找一个官位高的人作为自己的老师。对此不必做太多分析大家都心知肚明,其意不在求师,而在解决自己的一些"实际问题",恐怕连做出这样选择的人自己也不会相信官位高的必是好老师。

常有一些偶然的机遇回首四十余年的人生经历,自己在各级学校学习遇到的老师一时还数不清,其间又当了那么多年的教师。如果要问什么样的人才是好老师,我只好坦言这个问题比一般人所想象的要复杂得多,并不是把教师的各项能力与品质得分简单相加,谁的分高谁就是最好的老师。如果用这样的方式评价当年我在初中时的两位老师,或许他们永远也算不上好老师;但在我的切身体验中,他们无疑都是好老师。

曾有相当长一段时期,我结合自己所做的专业研究,反复思考着好老师的标准究竟是什么,又该怎样定。最后得出的结论与时下流行的优秀教师评价标准难以一致,即好老师是相对的,对张三是好老师,对李四未必是好老师;好老师是要通过践行来体现的,要在具体教学过程中体现,它不是光靠静态的品行和能力评价就能得出结论的。一个人除了学问多、能力强、品德高尚以外,他还必须了解学生,为学生的成长与发展不断践行,才有可能成为学生心中真正的好老师。或者说,与学生心理最贴近的才是好老师。从另一个角度说,一旦一个人潜心为学生的成长与发展服务,尽管他还有这样那样的不足,但他也算是一个好老师;即使一个人的各种素质都不错,或许还有这样那样的名誉称号,但心思却游离于学生的成长与发展之外,他也不能算是一个好老师。

二

2016年,未解决民办教师身份和养老待遇的储茂连老师永远离开了我们,我们这些在各地的学生未能及时赶回家乡。2017年4月3日,我们借清明节假期约了二十几位同学给茂连老师送行。

2017年也是周仕进老师退休之年,我们湖响初中1976级103班同学相约7月9日到周老师家恭祝四十多年前的班主任老师荣休,近四十位同学从四面八方回来,一起送了块匾额。我将全班同学姓名串成一段歌谣:

丙辰春暖四德堂,后厅开班一〇三;
周师仕进班主任,储师茂连讲和商;
学生五十有九人,个性分明各有长;
方有林生与金红,蒋家松林和小良;
杨氏正炉又狄青,徐礼勤快赛枝香;
刘国平会兵大同,邬胜新任仁培王;
杨送德祥到金海,崔世成金生吉祥;
满秀道篇增光明,储氏三十八儿郎;
茂斌德才金峰明,诚林方南应昭晖;
昭华重名改国华,金月高明小木长;
崔送旺保方全应,庆南赛婵华林庄;
月枝华平节翠云,晓燕继生金满堂;
节宗泽咏旺六顺,新才根圣周平广;
国庆秋分时已逝,国华著鼎遭不祥;
回忆四十年往事,旧情新景益健康。

同学们推我在聚会上代表大家发言,我以《怀着童心

2017年7月9日同学们祝贺周仕进老师荣休

追求属于自己的真实幸福》为题讲道:

尊敬的周老师、师母,亲爱的各位同学:

大家好!

今天我们从四面八方聚集到周老师家里,是由于四十多年前我们开始了在储氏四德堂后厅里的湖响初中103班的缘分。现在这个缘分的召集人,当年这个班的班主任周仕进老师荣休,我们一起前来恭贺。

两个月前,光明及各位同学就希望我能在这次聚会上代表同学们做个发言,这给我出了个大难题。因为我不希望在这个四十多年才有一次的聚会上面对老师和众多四十年后才能见一次的老同学们说些没有价值的空话、套话,反复思考后确定了对各位都有些价值的话题：怀着童心追求属于自己的真实幸福。

周老师是我们每位同学人生成长过程中的关键他人，高中一毕业就任我们班主任和语文老师，拿母鸡生蛋作比喻，我们班是周老师的"开窝蛋"，所以我们的师生感情最为深切、真诚、淳朴。当年周老师用全部的青春热情呵护我们成长，在他荣休之时，我们无法不联想到在四十多年前，周老师和去年刚刚离世的储茂连老师竭尽所能把班级教学及各项活动搞好。同学们大多为他们所感染，不敢迟疑，不愿懈怠，并因此生成了伴随我们每个人终生的勤快品质，助成我们一路上克服困难，干有所成。我们相聚当然要向周老师致以热烈庆贺！对您几十年兢兢业业从事教育教学表示由衷尊敬！对您为我们成长的付出表示真诚感恩！

仅此而已吗？

事实上，无论是已经荣休的周老师，还是我们这些"奔六"的同学，都面临着一个共同的问题：我们的人生到哪里了？被安排的工作不需要做了，但生活之路依然很长，接下来怎么过得更幸福，更有价值？不少人或许要说已经步入老年门槛，该颐养天年了。大量事实说明这种看法是错误的，这种误判将给每个"六〇后"的人和这个社会带来损失。我从二十多岁就结识了众多长我几十岁的忘年交，他们的生活经历表明不少人的人生高潮在退休以后。几十年前胡适多次在大学生毕业典礼上说"毕业即始业"，劝学生不要抛弃求知欲望，不要放弃对理想的追求，开的方子就是总得研究一两个值得研究的问题的"问题丹"，总得发展一点非职业兴趣的"兴趣散"，总得有一点信心的"信心汤"。我想套胡适的话说，"退休是新登场"，一切才刚刚开始。社会学家和心理学家为此提出"六十而立"的概念，反映出花甲之年的人思想和认知并非完全停顿下来，而是在一个比较成熟的基础上继续成长，进入人生第二青春。

人生六十岁才开始的例子很多，有位一百零一岁的佛师说："我的人生是从五十岁开始的。以我的经验来说，五六十岁是人生的折返点，由此人生可分为两段：五十岁以前是打基础阶段。在这个阶段里，我们往往为立足社会、养家糊口而疲于奔命，基本上是为别人活着。五十岁以后，经济基础已经奠定，职业也已经完成，这才到了实现自我、创造自我最有价值的阶段。"

为什么那么多人的真实的人生高潮出现在六十岁后？依据生物学原理，无疾病的正常人寿命应在一百二十岁左右，六十岁才刚过一半。而前后两个六十年是不对称的，前六十年要为上学、找工作、结婚生子、养家糊口、晋职升级、来往应酬等各种琐事而忙碌。孔子说："吾十有五志于学，三十而立，四十而不惑，五十而知天命，六十而耳顺，七十而从心所欲不逾矩。"也有人说，童年是幅画，少年是个梦，青年是首诗，中年是篇散文，老年是部哲学，只有对生活有了更多更深厚的感悟和理解，有了大智慧，胸怀才能变得像大海一样辽阔。五六十岁时不少人已经是走过山水，见过江湖；真的，假的，美的，丑的，善的，恶的都见过；甜的，苦的，辣的都尝过。争过，拼过；得意过，失意过；该有的都有了，不该有的也不作非分之想，把成功与失败、喜悦与苦痛都化作了深刻的理解。该爱什么，不该爱什么；该做什么，不该做什么，几乎都懂了。六十岁前是人成长的过程，往往是被安排过日子；六十岁后积累了丰富的阅历，比较完整地成熟了，真正属于自己的人生才开始了。六十岁后人更加自由自主了，有了一定的经济基础，不必为生计发愁；不需要按时上下班，能够自主支配自己的时间；有了几十年积累的经验，对各种情况应对自如；对世事看透看淡了……正好可以按自己的想法生活，活出真实的自己。若能认真规划，善于配置，注意保健，人生巅峰状态停留的时间就可以更长。

前面所说都只是为人生六十岁才开始提供了可能性，可是很多人不知道这些可能性，更不会利用这些可能性，六十岁以后的生活既未出现高潮，还可能忍受各种挤压，充满愁苦、疾病，为各种人事所奴役。为了解决这个问题，我提三点建议。

第一个建议是建立起我们的学习共同体。前不久我参加北师大卢乐山先生的百岁诞辰纪念活动，让我印象深刻的是，我俩见面握手时，她说的第一句话是："储朝晖，我经常看你的文章。"她还玩微信，2015年6月1日我去她家拜访时，我们互加了微信，想不到她还常看我发的文章。她在大会答谢时说："一百岁还要继续学习，不学习就没有活着的资格了。"

学习可以带来长寿，动脑子可以促进健康和抗衰老，这在科学上都已得到证实。根据世界卫生组织报告，健康有四大决定因素。一是父母遗传，占百分之十五。二是他所生活的社会环境占百分之十，自然环境占百分之七，共占百分之十七。前两项都是个人不可控制因素，共占百分之三十二。三是医疗条件，占百分之八。四是个人生活方式，占百分之六十。占百分之六十的个人生活方式是可以通过学习得到改变的，在生命限度范围内，健康长寿较大程度上掌握在自己手中，取决于自己是否学习。

我提议我们103班同学从今天开始继续跟周老师一起学习，活到老，学到老，做到老；各学所需，各教所能，互教互学，相互督促；在学习中生成乐趣，让学习增加我们的生活内涵，变得充实而更有意义。今天我们的相聚就算是学习共同体的开班仪式，各位是否赞成？

第二个建议是每个人都瞄准自己的幸福，并联合起来共创、共享幸福。之所以提这个建议是由于当下社会上不少人总是盯着别人的幸福奴役自己。四十多年过去了，同学们已走上不同的人生道路，选择了不同的职业，在不同的地方过着不同的生活。很难界定一个对所有人都适合的幸福概念，幸福就是由一定的客观条件与主观感受组成的，但是每个人又确实可以根据自己的条件、认知和选择，做出自己对幸福的界定，不必与别人攀比，不必打肿脸充胖子，也不必向别人炫耀什么，追求属于自己的真实的幸福才是现实且可实现的。

追求自己的幸福并非不与他人往来，更好地实现自己的幸福恰恰需要更大范围、更深程度的交往。我想重点说的是老师和同学们要共创、共享幸福。这样做的前提是尊重、包容、人人平等，做人中人，不做人上人，也不做人下人。相互尊重这点同学们都已能做到，就不多说；包容则是同学们在内的很多人不容易做到的，简单地说包容就是面对一个与你不同，甚至与你完全相反的人时，你该如何应对。……包容就是在不同人遇到矛盾和对立的时候不是互斗把对方消灭，而是各自维护对方的基本权利，通过平等协商的方式达成共识，解决问题。只有自觉地这样想，切实地这样做，才算做到了包容。

在平等相待上同学们之间也许还存在一些小障碍，因为几十年来同学们的生活确实各有不同，大家似乎不能再坐在一条板凳上。那些走得比较高远的同学要自觉诚恳地平等对待所有同学，那些自认为混得不好的同学也不能不看客观事实地自我闭锁。我们有共同的家园，有共同的童年和少年记忆，我相信更多的沟通会消弭不必要的误会。

扫清了共创、共享幸福的障碍，懂得"合群共生"，不妨充分利用自己的人生历练、社会关系去做些不计利禄功名的事，在更好服务他人的同时创造自己的幸福才是创造幸福社会的最有效途径。每个人可以创造自己的幸福，也可以创造他人的幸福；创造自己和他人共享的幸福，共同创造我们共享的幸福。

这个大道理在我们班里怎么实施呢？在保持每个人独立性的基础上利用现代信息手段不断地分享与互动。每个人精神独立，自己的事自己做决定，不必受他人绑架，同时将自己的想法、做法等与老师和同学们分享。一个人的幸福分享给班里五十多个同学就成为五十多人的幸福，一个人的困难分担给五十多个同学就只有五十分之一的困难。这样老师和全班同学的整体幸福就会大大增加，困难就会大大减少。

第三个建议是不断找寻并回归天性的自己。因为每个人真正幸福的起点是他的天性，或者说是他的童心。多发现一点自己的天性就会多获得一些真正属于自己的幸福。追求幸福本身就是人的重要天性，社会发展的终极目标是社会所有成员的幸福，人类发展的历史是不断追求共同创造幸福、分享幸福、感悟幸福、学习幸福、体验幸福的历史。

人类自古以来就有内修和外修两种方式，五六十岁以前比较多的是外修。"行有不得，反求诸己"说明古人已懂得内修。但是，不少人被生计与功名利禄等各种因素遮蔽或消磨了人的天性，使他有幸福而不可得，这就意味着五六十岁以后要更多注意内修。

保留天然人性的人有血性、有骨气、有胆量，强悍尚武、独立平等、行侠仗义、个性分明、活泼开朗、正直伟岸、自尊自信、敢说敢做、慷慨赴难、热爱艺术和科学、有创造天赋；丢失天性的人倚仗权势以图飞黄腾达，拘谨、胆小、冷漠、猜疑、麻木、懦弱、自私、奴性、贪腐、残酷，不讲规则，没有底线，欺软怕硬，不择手段。

各位同学可以对照一下，如果有哪些天性在过去丢失了，在过了知天命之年后逐渐让它们一一回归，善待自己、善待他人、善待自然、敬重生命，最为重要的是确立并保持经过数十年人生体验生成的信仰。信仰给予人终极的价值、终极的目标、终极的追求、终极的寄托、终极的关怀，人有了信仰才会真幸福，才会有巨大的精神动力，才会用普通人难以有的心态和毅力去对待生活和人生。在信仰上不能造假，也不能轻信他人，这样才能有真正的幸福。

当一个人的天性回归到一定程度，就自然会发现爱是追求幸福的基本路径。爱自己：身心健康，规划人生，实现价值。爱他人：真正爱自己的人，一定会爱他人，给他人带来幸福、愉悦。孝敬父母；亲近朝夕相处的人（配偶、孩子、兄弟、姐妹、老师、同学、学生、朋友、同事、顾客）；博爱他人（爱那些不认识的人，而非仅是"彝伦攸叙"），讲求平等、博爱、人道。爱大家：维护公共利益、整体利益，遵守公德。爱（保）护自然环境：将自己家的花园延伸到屋外的大街小巷，延伸到整个乡村城市和人类世界；节约资源，把物质资源不只当作物质的对象，而当作人的福祉基础而加以珍惜。

有人感到自己一辈子忙忙碌碌，为家庭为工作为儿女，最后才想起自己，这种人需要的正是找到自己，要意识到自己是自己生活的主角。每天的生活琐碎，买菜做饭带孙子，打牌聊天抢红包，健身跳舞逛马路，这些都可以有，但仅有这些生活还不够完整和幸福，总得要留点空闲，安静地寻找和发现自己。当然这样做有一定难度，不能要求太高，达到杭州灵隐寺中一副对联"人生哪能多如意，万事只求半称心"所说的"半称心"境界就不错了。

同学们，如果觉得自己没有或来不及认真地过"五〇前"或"六〇前"，那就选择认真地过"五〇后"或"六〇后"。虽然变老的过程无法抗拒，但是变老的方式却有多种选择，比较好的就是选择积极行动起来，拓展生命的长度、宽度和厚度，让变老的过程也能输出正能量，带来新收获，使生命更精彩，人生更幸福。

1979年我写给尊敬的周老师的赠言中提到"三年

师生百年友",三年同学也是百年友。从今天开始,我们师生相互陪伴、学习,发现自己的天性,创造属于自己的真实幸福,尽可能更高质量地再活三十年、四十年、五十年、六十年,这就是对周老师最好的祝福和感恩!

四十多年后的学生聚会事实上是对老师的一次特殊的评估会,学生愿不愿意来,能来多少学生,每个学生心中都有一杆秤。这在对我们人生产生关键影响的周仕进老师、储茂连老师身上获得了满意的好评。这个案例可供各位为师者完善人生与职业规划时参阅与思考,也作为一份特殊的纪念。

(本文部分内容曾以《一边变老一边追寻幸福的真谛》为题发表于《中国教育报》2017年8月6日)

隔代提携不遗余力：
刘季平与杭苇先生对我的关怀

自从1981年迷上陶行知的教育思想后，我的一举一动就受到陶行知的学生和研究者关注。程仁灏、汪麦浪老师先向安徽省陶行知教育思想研究会的汪平、王世杰等人介绍；汪、王二位又向时任会长操震球以及魏心一、王光宇汇报；有个青年人小储潜心研究陶行知，并在各种会议上传播；再传到曾任安徽省委书记处书记又是陶行知学生的刘季平那里。后来从王世杰、魏心一二位处听说，刘季平同志要求我们安徽做好对这个青年人的培养工作。

1984年10月，我与刘先生一起参加了安徽省陶行知纪念馆的开馆典礼，由于人多未能直接接触。1985年，正是王世杰等人为了落实老领导的意见，才克服重重阻力，最终以教育厅毕业生分配工作专文的方式使我分配到安徽省陶行知纪念馆专职从事陶行知研究工作。

1986年10月，刘先生就已经留下遗言："我的病痛如已发展到无法医治的程度，就不要勉强抢救。"说明他自知来日不多。1987年2月24日晚，我从合肥一上火车，汪平、王世杰就在打电话问候刘季平的时候说："您关心的年轻人储朝晖到北京来开会了。"刘先生当即说："让他安排时间到我家来吧。"那次是参加北京工业学院举办的徐特立教育思想研讨会,我写了篇《徐老评述陶行知》的文章参会。从合肥离开时,汪平就叮嘱我到北京住下后给她打电话。我2月25日晚在北京工业学院学术交流中心住下后,就打电话给汪平,她说:"告诉你一个好消息,刘季平会长希望你能到他家去见个面,你要好好利用这个难得的机会向他请教啊!"并将电话和地址告诉我。

于是我就给刘先生家打电话,是吴瀚先生接的电话。她很热情地说:"小储你好,我和老刘都很想见到你。与你一起来开会的还有上海来的杭苇老,你和他商量个时间一起来吧。"

第二天吃早饭的时候,我找到杭苇先生说起去看望刘季平先生的事。杭先生是这次会议的特邀嘉宾,他说他跟会务组说一下,确定了时间就通知我。由于白天要开会,会议的第二天(2月27日)晚上,会议举办方北京工业学院派了一辆车送我俩去三里河南沙沟1楼1门1号看望刘季平先生。我们相见都感到特别高兴,吴瀚先生说:"听说你们要来,老刘今天下午精神就好起来了。"

刘先生从床上起身坐着和我们说话,见面时杭苇先生和我都以作揖而非握手的方式和刘先生打招呼。我们进门的时候,吴瀚先生要求我们不要问刘先生身体的情况,所以我们就只谈了些工作的事。让我留下深刻记忆的是刘先生说:"我们这辈人的历史就要结束了,就看小储你们了。"由于送我们的师傅还在外面等,我们也不能说太多的话。

吴瀚先生问我这次到北京还想见哪些与陶行知研究相关的前辈，并在小纸条上开列了晓庄时期陶行知的学生戴自俺先生和陈鹤琴的女儿陈秀云女士等人的详细地址和电话。在我们准备离开时，刘先生示意我们合个影，于是我们三人就在他的床边合影。我曾一直珍藏着这张合影，不料1996年7月1日洪水淹没我在歙县的住处，此前留下的照片和照相机全都被毁。

在这次会议期间，中国人民大学的一位副校长在大会发言时对我的文章提出异议，说是用徐特立抬高了陶行知。我觉得都是严格引用文献中徐特立的原话表述观点的，便在分组讨论时直言自己没有半点抬高之意。这位副校长听到这话更是激动了，一度引起整个会场瞩目。我曾在去看望刘先生的车上私下问杭苇先生怎么看，他直言："我觉得你没有什么错。"但最终会议举办方在出版会议文集的时候还是把我的文章给撤下来了。

由于是第一次在北京感受到刺鼻穿胸的寒风，加上室内外温差大，我有点发烧，找会务组要了点药才控制住。杭苇先生和蔼地关照我："到北京要进门脱衣，出门穿衣。"1987年2月28日上午，会议结束了，举办方用一辆大客车将与会代表送到西单，然后大家分散各自活动。我当时对北京一无所知，杭苇先生却很熟悉，我就和杭苇先生先去教育部见了他的两个熟人，然后便分手。我独自一人到西四北五条28号拜望戴自俺先生，然后到北京市教育科学研究所当时的办公地点厂桥小学拜访了陈秀云女士。

此后,吴瀚先生几次写信给我转达刘先生对我的关照。1988年3月6日,她又写信转达了陶晓光先生看了我写的《陶行知全集》四百余条勘误的意见,"很称赞你的毅力和认真精神"。原信如下:

吴瀚先生1988年写给本书作者的信

与杭苇先生一见如故后,我便冒昧地将自己写的《培养社会主义人才的有益借鉴》和《三维教育论初探》寄给他以求指正。不料他直接将这两篇我自己心中也没底的稿子转寄给当时教育研究领域排位第一的《教育研究》杂志了,并于1987年4月22日给我回信说:"看了你两篇稿子,你很认真,很有创见,希望能继续研究下去。"原信如下:

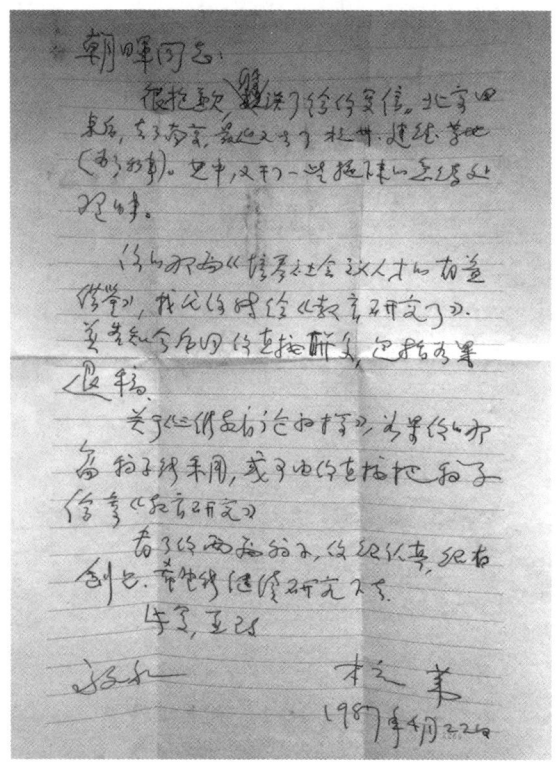

杭苇先生1987年写给本书作者的信

这两篇稿子虽然都没有刊用,但给了年轻的我向《教育研究》投稿的勇气。一年后,我到中央教育科学研究所三楼的中国陶行知研究会从事《陶行知全集》的编辑工作，便专门找机会到同在一个楼层办公的《教育研究》杂志社询问杭苇先生帮我转寄的稿子的情况，由此与当时的主编赵德强老师相识。

认识赵主编后，我俩便常在上下楼的时候见面打招呼。后来我又认识了当时在四川教育出版社工作的赵老师的同学王屏汉，他们相互传送了我的调查与研究信息。忽然有一天，赵老师对我说："明年是国际扫盲年，你就扫盲的主题写篇稿子吧。"这句话让我如助力千钧。我结合自己此前所做的调查，查阅相关图书资料，花了三个月的业余时间，终于写出《当今文盲特点及扫除文盲的方法》一文，交给赵老师。文章竟然没有做大的修改就在《教育研究》1990年第7期发表了！二十年后，《教育研究》负责稿费发放的何老师见到我说，当时你那么年轻就能在《教育研究》发稿子，你的名字我一直记得。

不幸的是，刘季平先生于1987年6月11日病逝，杭苇先生于1988年3月22日离世，而对我童年和少年成长影响巨大的爷爷储海清也于1987年6月24日逝世。由于我在异地工作，都因未及时得到他们三位仙逝的消息而不能亲往致以悼念，留下的是持久动力和绵长思念。

《脚印》钩沉忆忘年：戴自俺先生的童趣

古稀高龄的戴问民先生骑着自行车送来其兄戴问天先生所写的《父亲的脚印》，该书用五十万字记叙了以教师为终生职业的戴自俺先生曲折、跌宕、艰辛的一生。因为"陶缘"，我曾与戴自俺先生以及金恒娟老师有过一段十分密切的交往，所以读来倍感亲切。又由于书中讲了许多我闻所未闻的事，读后不仅对戴先生的了解更加全面深刻，还感到十分新奇，甚至是慨叹！同时也让我想起与戴先生交往的一些往事。

我与戴先生第一次参加的同一个活动是1984年10月在安徽歙县举行的陶行知纪念馆开馆典礼暨学术年会。当时人很多，准确地说是老年人很多。在那次会上我认识了孙陶林、周洪宇、张邦民等人，却并未有机会与戴先生直接交谈。

1987年2月下旬，北京工业学院举办徐特立教育思想研讨会，我和杭苇先生碰巧一起参加了这次会议。会议的第二天（2月27日）晚上，举办方派了一辆车送我俩去三里河南沙沟1楼1门1号看望刘季平先生，刘夫人吴瀚问我还想见哪些与陶行知研究相关的前辈，并在小纸条上开列了戴自俺先生等人的详细地址和电话。2月28日上午，会议结束后,我和杭苇先生先去教育部看了他的两个熟人,然后便分手,我独自一人到西四北五条28号拜望戴自俺先生。

到了戴先生家,有些出乎我的意料。此前读过他的一些文章,他在我心中留下高大的印象,但面前的他并不像我想的那样高大。更令我想不到的是,他和金老师的住房那么小,以致房里最大的空间被一张双人床占着。那是四合院中的一间房,门窗邻街,直接与嘈杂的车流人流相融,房内几乎每一寸空间都被利用,直到这次才从《脚印》中得知它只有十二平方米。戴先生和金老师都非常热情,一边准备茶水,一边念叨"地方太小,怠慢了,请多包涵"。他们这一说,让我不敢当,并感到房内特别热。我们谈了些当时各自正在做的工作,我便起身告辞了。

一

此后不久,我们又见面了。1987年四五月间,徽州地区在岩寺举办首届陶行知研究骨干培训班,我是其中的学员之一。培训班请来戴自俺、金恒娟、胡国枢、胡晓风、张邦民、龚思雪、钱伯毅、魏志春、丁佑涵、吴正、丁丁、高嘉、汤翠英、王世杰等人开讲座,还请了郑示言讲徽州教育史,程厚维、汪冠杰和汪麦浪讲陶行知文章解读。这个班总共办了近五十天,4月13日开班,5月28日结束,就这样我成为戴先生名正言顺的学生。

看到《脚印》(第二百三十五页)中戴先生用他独有的字体在黑板上写的"陶行知先生教我如何做人？如何做事？"，至今还记忆犹新。那是在1987年5月5日上午，但不是书中所说的开班典礼，只是开班典礼的横幅一直挂在教室里。那天，戴先生讲我们最大的目的就是进行教育改革，将自己在晓庄的亲历用一个个小故事串起来：看到陶行知那天、同甘共苦事例、晓庄的考试、"田汉"欢迎田汉、恋爱问题讨论会、临危不惧（晓庄被封）、善于斗争、百折不挠、大树底下的小树不能生长、办乡村教育的条件是什么？(《人间词话》三境界)、不是"费心"是"关心"，得出的结论就是要有志气，为一大事来，做一大事去，学做真人，要有事业心，要有恒心、毅力、耐性。

5月6日上午，戴先生讲的题目是《我们为什么要研究陶行知》，开头读了一封学生的信，结合当时一些学校的事例，阐明教育改革的阻力在思想禁锢、不重视教育科研、忽视师范教育、轻视教师社会地位，因此要以陶为师、促进教育改革，这是研究陶行知教育思想的目的所在。

5月13日上午，戴先生以《生活教育的昨天、今天和明天》为题做讲座，第一部分介绍了生活教育的历史背景、萌芽和诞生、三大主张。第二部分讲生活教育的今天——从"冬眠"到"复苏"，分为历史的误会、姗姗来迟的拨乱反正，以及"野火烧不尽，春风吹又生"几个部分，讲全国各地的陶行知研究形势。第三部分讲生活教育的明天——生活教育的前景管窥。第三部分内容现在看仍具有启示意义。针对陶行知的教育思想是否过时，是否与现今的教育矛盾、冲突，他强调了陶行知是最结合中国实际的，因此陶行知的教育思想在今天有现实意义，也有参考价值，如扫盲问题。从幼儿教育看，他着重关注农村和工厂，一是奠定幼儿智力基础，二是解放妇女劳动力。他认为当时幼儿教育是非常非常困难的，并建议徽州要从幼儿园到大学搞一条龙，办不了正规的，"破棉袄"也可以。从普通中小学看，《中共中央关于教育体制改革的决定》指出的三个"很不够"，运用陶行知的教育思想恰好可以改善，因为陶行知最重视手脑并用，在劳力上劳心。从师范教育看，专业思想的培养非常重要；作为教师，技能技巧的训练也很重要；师范学校的数量还不够，艺友制可以大量推行。从高等教育看，招生数量还不够多，高中毕业生能升入高校的只有七分之一，北京的初中生有百分之五十五不能升入高中。展望明天，他认为研究陶行知并不限于出书、建馆，更重要的是用他的理论、思想、经验、办法，来为中国教育做出贡献。我们是陶行知的学生，我们更是中华人民共和国的公民。

5月24日上午，金恒娟老师讲《幼儿教育的发展情况》，这部分内容很系统。戴先生夫妇讲完后，我送他们到屯溪坐火车。那天的天气反常，还下起了很大的春雪，以致我担心他们身体吃不消，而过路的火车一到他们就得立即上车，我因毫无办法而留下挂牵。

二

从《脚印》中，我发现自己与戴先生有较多相似的个性特点，有事就记，有资料就收。自 1981 年对陶行知感兴趣后，我便利用一切机会搜集研究材料。1984 年，我拿到华中师范学院编辑、湖南教育出版社出版的《陶行知全集》第一卷，便一边看，一边在书上做标记。待六卷出齐，我也就看完了，发现其中错误还不少，计有四百多处，便将这些错误誊到稿纸上，1987 年暑假交给安徽省陶行知研究会。当时汪平、王世杰、王昌畴很重视，便直接报送给中国陶行知研究会。这样又进一步加深了我和戴先生交往的缘分。

据后来吴瀚和陶晓光告诉我，陶晓光拿到我写的四百多条《陶行知全集》的勘误特别高兴，便拿着它四处游说，提议重新出版一套更全更准确的《陶行知全集》，但中陶会内部并未很快达成一致意见。

直到 1988 年 7 月 1 日，我刚在安徽教育学院参加完安徽省首届陶研骨干培训班，准备回歙县的时候，安徽省陶行知研究会的汪平告诉我：她已经和陶行知纪念馆说好了，让我回歙县稍作调整后就赶紧再去北京，有重要任务。但她当时没有告诉我到底是什么重要任务，要去多久，只是要我回歙县把冬衣都带上。于是我 7 月 5 日再到合肥，已经有人帮我买好当晚从合肥到北京的 128 次列车硬座票一张，我怀着好奇再次来到北京。次日，我一下火车便到北三环中路46号中国陶行知研究会办公室，见到马婉便问要我来干什么。马婉说："知道你要来，但不知道叫你来干什么，陶晓光打招呼让你直接去他家。"于是我又根据她的指引，去北太平庄坐16路公交车到皂君庙，来到陶晓光所住的铁道科学研究院宿舍。至此，陶晓光才告诉我：看到我对陶行知研究很热心，也很有成效，现在想重编《陶行知全集》，但能收到多少新的文章还没有把握，让我来就是想请我先到各个图书馆查一查，摸清底细以后再作决定。此时我才明白当初不告诉我来干什么的原因，当时我所做的工作在中陶会也只有很少人知道。

7月7日，我们在中陶会办公室开了一个会，研究如何开展工作，接着我先后到戴先生、陆静山、楼化篷、徐明清、吴瀚、苏辛涛以及与陶行知相关的人家搜集可能与陶行知文稿有关的线索，然后到各家图书馆大海捞针似的查找。值得欣慰的是，此时戴先生已搬到北京钢铁学院6号楼106号戴问民住的三室一走廊的房子，较原来宽敞多了，也添置了新家具。我们后来组建的编辑班子考虑到戴先生坐车不便，就常常在这里开会。9月1日下午，我们便在戴先生家开了第一次与编辑相关的会，除戴先生和我，还有孙传华、陶晓光、苏辛涛、王超英，事实上后来编辑《陶行知全集》的日常工作都是由我们几个人做的。

大约半年后，新发现的文稿已达几十篇，其中在中央教育科学研究所设在和平门中学里的图书馆收获最大，那里收有1900年至1950年几乎齐全的各种教育期刊、图书、报纸，可惜这个图书馆的资源现在已荡然无存。于是1988年10月，方明、张建、戴自俺、陆静山、陶晓光、苏辛涛、王超英和我等人经过多次开会决定由中国陶行知研究会重新编《陶行知全集》。

重编的决定做出后，接着要决定的是谁当主编和分卷主编，在哪家出版社出版。当时的分工是：中央教育科学研究所的郭笙、南京大学的孙传华、育才老校友苏辛涛负责理论部分三卷的编辑，张邦民负责书信部分的编辑，聂大朋负责诗歌部分的编辑，后来又加上庞曾漱负责日记部分的编辑，温致义负责英文部分的编辑，戴自俺负责教材部分的编辑。大家一致推戴自俺先生任主编，陶晓光负责全面协调，王超英协助陶晓光工作，分给我的工作就是负责到全国各图书馆查找逸文、相关资料和对外联络等。我几乎每天白天都泡在图书馆，晚上再打电话和各方面联系，先后到北京图书馆（现国家图书馆）、首都图书馆、国家档案馆、北京师范大学图书馆、北京大学图书馆、清华大学图书馆、中央教科所图书馆、中国第二历史档案馆、上海图书馆、华中师大近代史研究所、武汉图书馆、四川省图书馆、成都市图书馆、安徽省图书馆、重庆市图书馆、湘湖师范图书馆、南京图书馆以及各个陶行知纪念馆查找资料，从各地复印或抄写的资料堆满中陶会近半个资料室。后来孙传华找来洪桥帮忙，并在南京就地找人帮忙；庞曾漱找来鲁风和江长风帮忙；聂大朋找来刘有声帮忙。北京的编辑工作基本结束后,又请丁丁、李能寿、龚思雪做审稿工作。这些便构成了当时《陶行知全集》实际的编辑工作班子。

当时面临压力较大的就是出版社的确定,戴先生多次与湖南、江苏联络,先是湖南的曹先捷确定不再出了,大家就把更多的希望寄托在江苏。江苏教育出版社当时的总编辑吴为公很积极,并争取江苏省给予资助,但最终因资助未落实而成为泡影。好消息总在后头,大约是1989年暑期,得知四川省委书记杨汝岱批下四十万元资助《陶行知全集》出版的消息,于是一锤敲定交由四川教育出版社。吴为公则为未能在江苏出版《陶行知全集》抱有深深遗憾,1996年他退休后还坚决出一本陶行知画册以作为补偿。

从1988年9月到1992年3月,除非我到成都或其他地方,在北京我每周少则一次,多则四次到戴先生家,每次戴先生或金老师都热情地给我端茶倒水。北京很干燥,坐过公交车还要再走一段不短的路,我感到这茶水实在太符合我的需要了。我大多谈完工作后就走,每当我和戴先生谈工作的时候,金老师都去做别的事。间或金老师也会问些生活上的事,让我感受到她对我的关怀。她知道我对教育研究的兴趣比较广泛,还将与戴先生一起编辑的《幼教史话》送一本给我。

在和戴先生、陆静山(他正好长我六十岁)、徐明清、苏辛涛等人的交往中,我印象较深的是,尽管我们年岁相差较大,但是没有年岁差异的感觉。戴先生常将他对一些事的不满直率地说给我听，一开始我还不太习惯，后来我也就渐渐心无戒备，想怎么说就怎么说了。当我偶尔揣摩这一现象时，其逻辑依据则是陶行知的教育思想，但是也有一些陶行知的学生在经过历次风雨后已经做不到这点了。

担任《陶行知全集》主编是一件很忙很累的事，不只是因为文字量太大，时间太紧，还有一个重要原因是每位参编者的经历和知识背景都有较大的差异，专职从事学术研究和编辑工作的人较少，大家没有共同的工作规范，常常为一些技术问题争得面红耳赤，最终还不能定下来。尤其到后半段，问我这个资料那个问题的电话和来信应接不暇，我所获得的益处就是能将大量资料和数据记在脑子里。

当时中陶会的一个基本原则是，少花钱，多办事，甚至不花钱，也办事。这就要具体干工作的人多付出一些，戴先生和我都是能够且愿意付出的，但有时又确实有些不近人情，以致办不成事，甚而坏了事。戴先生常出面为我们这些年轻人"喊冤"，联想到当年陶行知主张不要强迫人丢掉饭碗去读书，在上海请他的学生吃"蟹壳黄"或面条，或许戴先生的一些做法较那些以极端尺度要求别人的人更接近陶行知。

现实中，尚有不少人将几十年掺杂进来的极"左"做法贴上陶行知的标签，这当然是对陶行知的一种误解，甚而是玷污。细品《脚印》，当能从中获得做人做事恰当的尺度与分寸。从这个意义上讲，《脚印》不只是作者所说的一位中国教师的个人史，也是能折射出不同人内心境界的多棱镜。

多年来，我一直遗憾的是，未能及时得到戴先生离去的消息。2002年，我再到北京钢铁学院（此时已改名为北京科技大学）6号楼106号，发现那里已变为校内居民医院。几位值班的人无一知道前户主的联系方式。几经周折，我才与戴问民先生联系上，接着联系上问天和未央，续上已有的缘分。

(原载《生活教育》2012年第16期)

行知路上师友情：
陶行知事业的终身追随和开创者胡晓风

2012年4月27日，我在歙县开会刚午睡起来，就收到铁成发来的短信，说胡晓风先生于14时20分逝世，感到十分突然！当天下午在起草一份以中陶会名义悼念的短文发给各位副会长征求意见的同时，也生成心里想诉说的话语：

> 晓月启明学陶路，
> 春风化雨真理行；
> 先辈胡去无前兆，
> 说故论道谁知音？

晓风先生和我的关系，用"知音"一词来表达是再贴切不过的。

1985年，我刚到安徽省陶行知纪念馆工作不久，晓风先生就专程到歙县陶行知故乡看看。他不仅看了陶行知纪念馆，还提出一定要到陶行知的出生地黄潭源村，到陶行知曾经上学和乘船去杭州的出发点休宁县万安看看。他每到一处似乎都是在寻访圣迹，充满感情，充满好奇。他在黄潭源村头的汲水小河边依依不舍,在万安码头遥想当年陶行知离家去杭州的情景。

1987年四五月间,徽州地区在岩寺举办首届陶行知研究骨干培训班,我是其中的学员之一。培训班请来戴自俺、金恒娟、胡国枢、胡晓风、张邦民、龚思雪、钱伯毅、魏志春、丁佑涵、吴正、丁丁、高嘉、汤翠英、王世杰等人开讲座,还请了郑示言讲徽州教育史,程厚维、汪冠杰和汪麦浪讲陶行知文章解读。这个班总共办了近五十天,4月13日开班,5月28日结束。5月1日上午,由王世杰主持,晓风先生做报告,就这样晓风先生成为我名正言顺的老师了。

在这次报告中,晓风先生向我们介绍了他接触陶行知教育思想的第一位启蒙老师是安庆人成庆生。后来他多次告诉我,他上中学时,成庆生向他介绍了陶行知的教育思想和事迹。查相关资料得知,成庆生在20世纪30年代投身抗日爱国运动。1947年,成庆生与一批文化教育人士在香港复办陶行知创设的中华业余学校,继续以"利用业余进修,集体追求长进"为口号。中华业余学校复办时改名为中业学院,郭沫若为董事长,院长为朱智贤,教务长为方与严。1949年新中国成立前夕,朱、方二人先后回北京工作,成庆生任校长(后改名为中业专科学校)。邹韬奋在香港办《生活日报》时,成庆生是《生活日报》主编。他因材施教,根据当时社会青年的需求深入浅出地传授道理,讲哲学、讲人生、讲抗战史实。在后来与晓风先生的交往中，我总能隐隐约约看见成庆生先生的影子；由于我也是安庆人，晓风先生又常常希望在我身上看到成庆生的某些影子，这或许成为日后我们之间交往日益亲密的潜在动因。

1988年上半年，安徽省首届陶行知教育思想研讨班在安徽教育学院举办。这次培训时间较长，在全省范围内招收学员，主要的课程由张惠、程志宏、康庄、朱镜人等人主讲，也请陶城、胡晓风、丁冠英等各方面的专家来做讲座，这样我就再次成为晓风先生的学生了。那次晓风先生到合肥后身体不适，班长洪祥生早早起来用瓦罐煨粥才解决了晓风先生的吃饭问题。晓风先生一上讲台就激情迸发，语出惊人，能说出当时很多人不知道的内容，讲出当时很多人不敢讲的观点，连续讲几小时依然滔滔不绝，以致不知道他的经历的人都感到神奇。

原来，晓风先生1935年入华中大学附中读书，就是在这所学校与成庆生结缘的。晓风先生把参加陶行知的生活教育当作参加革命，曾参加陶行知支持创办的孩子剧团。1941年开始从事教育工作，先后在四川永川、万县、南川、綦江、达县、邻水、合江以及贵州桐梓等县中学、师范学校任教。1938年4月加入中国共产党，先后任中共津綦边区特支书记、下川南工委委员、涪陵中心县委书记等职。1942年参加过以陶行知为理事长的生活教育社。1950年后曾任青年团西南工委学校工作部副部长、办公室主任、宣传部部长，西南团校教育长，《中国青年》杂志社秘书长。1955年任团中央军体部副部长等职。

1957年11月，中央机关抽调干部加强高等院校管理，晓风先生任成都体育学院党委书记，负责筹建首届党委，兼任副院长，进行了一系列的教育整体改革，并获成功（"文革"期间，所有的试验资料一火而焚之）。1966年后受到冲击，潜心研读马克思恩格斯著作。1978年后任四川省文教办公室副主任，积极支持育才学校于1979年7月25日举行创办四十周年纪念活动，突破了批判电影《武训传》以来的禁区，并与育才校友易难和社会大学的校友金成林率先成立了育才社大校史研究会，这是在党史办领导下的中国改革开放之后最早建立的"师陶学陶"团体。在任四川省委宣传部副部长兼高等教育局局长后，1981年推动成立四川省陶行知研究会，出任首任会长，积极支持各地陶行知研究工作，推动合川的整体改革实验。1985年中国陶行知研究会成立后，任中国陶行知研究会副会长。

我俩更深的交往是在编辑川教版《陶行知全集》的过程中。由于这一段想说的事太多，只能挑几件说一说。

我于1988年7月7日被抽调到北京专职从事《陶行知全集》的编辑工作，主要负责资料搜集和外界联络。一开始《陶行知全集》在何处出版成为大家都感到难以解决的大问题，就在大家四处联络仍无着落的时候，1989年暑假，从四川传来了好消息，四川省委决定拨款四十万元资助出版《陶行知全集》，这在当时可是天大的喜讯！我们工作班子的所有人都倍感鼓舞，大家知道晓风先生在其中做了关键性的工作。

接着，9月召开了有编辑工作班子与四川教育出版社领导金成林、伍尧参加的《陶行知全集》编辑出版工作会，会上决定在1991年10月18日陶行知诞辰一百周年之际正式出版《陶行知全集》。这是一个时间十分紧张的要求。1989年底，我和陶晓光、王超英三人背着花了一年半时间搜集和编辑的稿子，坐了三十六小时的火车到达成都。

从北京的中陶会编辑工作组看，这件事已经完成了。到了成都后，四川成立了胡晓风、金成林、浦家驹、吴纪真、王屏汉、周良玉、罗智超、文龙、邹青等人组成的工作班子，本以为交接稿子一两天就可以结束了。可是一看稿子，就有问不完的问题，于是只能让陶晓光、王超英先回北京，我留在成都，回答大家不断提出的问题。

所有的问题最终归结为一点，即所有稿子的每一个字、每一个标点符号是否可信。由于多数资料是我到各家图书馆一个个查来的，我能回答一些问题，但有口难辩。晓风先生就提出每篇稿子都必须有核对件。于是我又将北京已复印的有最原始出处的稿件再复制一套送到成都，每篇文稿编号装袋，但依然有一部分稿子找不到最原始的核对件，因为那时很多图书馆是不准对外复印原始书刊的。陶晓光先生就用复写纸抄写，晓风先生却不认这些抄写的，晓光先生强调抄的时候是反复核对的，为此争论很激烈。那段时间成都工作组与北京的方明、戴自俺、陶晓光、苏辛涛及各位编辑天天电话不断，最终依然感到无解。

于是1990年四五月间，晓风先生带队，我和吴纪真、周良玉、罗智超、文龙、邹青等从成都出发，到重庆、武汉、安徽、萧山、上海、南京等地的图书馆、资料室、档案馆再查一遍资料。从武汉到歙县时，晓风先生说成庆生、汪达之都是安庆人，最好在安庆停一下。不料我们从武汉坐船到安庆，安庆正下连阴雨。我们找一家旅馆住下后，冒雨到街上转了转。回宾馆后，晓风先生感到很失落，说想不到曾与武汉、南京、上海齐名的历史名城安庆，竟然如此败落！

直到次日坐上从安庆到屯溪的长途客车，路过祁门的茂密森林时，晓风先生的心情才稍愉悦。这一路恰是我从家乡岳西到工作单位所经过的一段路程，也让同行的人具体感受到我离开家乡到歙县工作的不易。然而在陶行知纪念馆查资料的过程中，晓风先生更感到我的处境艰难。离开陶行知纪念馆后，他把我叫到身边道："我知道你真心想研究陶行知，但是你在这里研究不了……太可惜了！你到我们四川省委宣传部来工作吧，怎么样？我们可组起一个团队来。"我听到这话觉得有点突然，所以当时就没有答复他。

不料回到成都后，他真的安排周良玉帮我联系调动工作的具体事宜。当时由于受多重因素制约，我对此一直没有给肯定的答复，周良玉似乎也猜到了我的心事。于是她在一个周末约我到她家吃午饭，把她自己的真实想法告诉我。她说："你最好还是做好自己的专业，到四川省委宣传部工作关键就是一张纸，任命你是什么就是什么，不任命就什么也不是。"并拿她自己与当时同在四川省委工作的洪宝书作对比说明。我虽最终未能如晓风先生之愿到四川工作,但我对他如此关照我永怀感激。

从1989年底到1991年暑假《陶行知全集》交付印刷厂之前,我断断续续在成都工作了一年多时间,尽管我们的工作很忙,但是晓风先生对我的关爱可以说是细致的。他看到我长期吃食堂,就间隔个把月让我们工作组的人一起吃一次火锅;他看到我的工作基本上是尽义务,手边没有钱,就不时将省委理发室发给他的理发票送给我,解决了我的理发问题;他看到我查资料坐公交车不方便,就找了一部新自行车借给我用。在当时那个工作组里,其他人对他的称呼用得比较多的是部长、胡老、晓风同志,我则用其他人较少用的称呼"胡老师"。其他人很少和他争论,我遇到问题则会直抒己见,这点或许在方明心里留下了不好的印象,晓风先生却因此和我更亲近了,还时常找些话题调侃我。

1991年《陶行知全集》算是出版了,但晓风先生、戴自俺、陶晓光和我都因"全集不全"而感到遗憾。虽然我1992年5月回到歙县,但我们还常为此联络。1996年,由于发洪水,歙县县城的一大半被淹没,7月1日早上5点左右水位达到最高,我的住处被水淹到窗户风波顶上。因事先毫无思想准备,我多年积累的资料和图片,以及照相机等家什全部被淹,幸运的是一家三口安然无恙。皖赣铁路因此中断运行十七天。就在7月10日左右,我接到电报要我到南京开会研究《陶行知全集》第11、12卷的编辑事宜。当时我担心不能成行，于是每天都到火车站去问何时能通车。终于在7月18日，我坐上了恢复通车后的第一列火车，穿着曾被洪水浸泡过的衣服到南京参会。当时胡晓风、罗明、吕长春、吴树琴、屠棠都已先到了，大家知道我的情况后都很关心。晓风先生告诉我，为了让我能到会，他费了很大力气，给各方面打电话，最后与管德明联系才落实，所以我接到的电报是管德明打给我的。记得当时那篇电文如同命令那样毫无变动的余地，要求陶馆予以支持。后经大家努力，第11卷于1998年就出版了，第12卷到2002年才出版，晓风先生任第11、12卷主编，邀我任编委。

在南京这次会上的一个细节又让我刻骨铭心。我当时订了中午12点半的火车票从南京回歙县，本来我想早点去火车站，可是大家都让我吃了午饭再走。晓风先生问会务负责人到时能否派个车把我送到火车站，负责人说没问题，并约好12点动身。不料到12点了，负责人却说没有车了。正在大家商量怎么办时，我感到不能再等了，就赶紧从晓庄陶馆跑到前面的大路上去赶8路公交车。当时烈日当空，我没跑几步全身就被汗水浸透了。大约跑了五六分钟，后面有个车子靠近我身边，车里有人叫我快上车。我转头一看，是吴树琴先生！我上车后问吴先生："您不是现在不走吗？"吴先生用手示意我不要说话。待到火车站，吴先生才下车贴着我的耳朵说："我就是专门来送你的。"此时我才悟出一点道道来，又感到心里难以承受。

晓风先生离休后投入全副精力潜心研究陶行知,他自称为挖掘陶行知思想宝藏的"矿工"和"痴子"。我俩常电话讨论一些时下难以找到讨论者的问题。他和金成林合著的《陶行知与中国现代化》出版后,我写了篇《现代化的酵母》的读后感。他看到后觉得不错,就推荐给别人看,并收入他后来编的《陶行知教育思想与合川教育整体改革》文集和育才、社大校友的文集。

2009年11月18日,我们在浙江丽水学院举行农村"教学做合一"项目年度总结和推广会,晓风先生不顾高龄应邀到会做报告,效果很好。他向陈波老师介绍我的情况,陈老师对我很客气,并希望我在陶行知研究上发挥作用。晓风先生不断将他写的文稿发到我的邮箱,我每次读后总深感启迪。

正因为此,我们想了很久,如何才能充分发挥晓风先生的影响培养青年陶研骨干。由于四川教育出版社要我主编一套"20世纪中国教育家画传"丛书,我便向当时该社的社长安庆国先生表达了办读书班的想法,他答应资助三万元和相关的资料,于是这件事得以以中陶会的名义办成。2011年4月16日至21日,晓风先生不顾自己八十八岁高龄,在成都领衔主讲生活教育读书班,来自全国各地的二十六名学员聆听教诲,自由讨论,分享学陶、研陶、践陶的感想,教益颇丰。同时,我们也借此机会祝福晓风先生米寿。开班之后,晓风先生几次跟我说:"我上了你的一个大当。"我深深明白,依据他的标准,他对这个读书班还有诸多不满意之处。在我讲完《和陶行知交心》的报告后,他就当着二十多名学员的面对我发起了挑战,说我所说的教育还是有形的教育,不是陶行知所主张的生活教育。于是我们开始了论辩,事后他私下跟我说:"我就是希望大家讨论起来。"其实他不说,我也理解他的用意。

最后,要向晓风先生深表歉意的是,2011年底在杭州召开陶行知研究国际学术会议,晓风先生早早就准备好了高质量的研究论文,我也知道他很想参会,但理智告诉我杭州与成都的气候有很大差别,从保重晓风先生的身体角度考虑是不宜让他参会的。我就用先让医生检查,如果医生许可,我们就请他参会这一理由加以劝阻。晓风先生曾气愤地跟我说:"不管我去不去,你们不发邀请函给我是不礼貌的!"后来虽然安排了他在大会上的书面发言,但未能实现他参会的愿望,对此我一直难以放下心中的愧疚。

晓风先生生命不息、奋斗不止地从事陶行知研究事业,临别前依然在不断著述。2012年新年以后,我俩通过三次电话,他说看到国际会议的资料和我们主编的由安徽教育出版社出版的"陶行知研究丛书"都很满意。尤其是他特别强调,希望大家团结奋进,以陶行知的精神,用专业的力量,支持朱小蔓会长的工作,把陶行知研究的事业传承下去。

晓风先生的人格力量和专业精神永远激励着陶友不断奋进!在最后几次通话中,他说的频次比较多的话是"没人理我了"。晓风先生,无论您到哪里,我俩都常聊聊。

学人小传

胡晓风（1924—2012），湖北武汉人。1935年入华中大学附中就读，1938年4月参加工作，1941年开始从事教育工作，先后在四川永川、万县以及贵州桐梓等县中学、师范学校任教。曾任中共津綦边区特支书记，下川南工委委员、县委书记，涪陵中心县委书记，涪陵地委办公室副主任、宣传部副部长、青委副书记、书记，青年团西南工委学校工作部副部长、办公室主任、宣传部部长，中共中央西南局青年委员会委员，西南团校教育长，《中国青年》杂志社秘书长，团中央军体部副部长，中国冬泳协会副主席，中华全国体总委员、常委，成都体育学院党委书记、副院长。1978年恢复工作后曾任四川省文教办副主任，中共四川省委宣传部副部长兼省高教局局长、党组书记，中共四川省委宣传部顾问，中共四川省顾问委员会委员等职务，1993年离休。曾任中国陶行知研究会副会长，四川生活教育社社长，四川省陶行知研究会首任会长、名誉会长，四川省教育学会、四川省创造学会名誉会长，《陶行知全集》（川教版）第1至10卷特邀主编，第11、12卷主编。著有《体育研究文集》《教育研究文集》《大体育观》《创业教育：教育整体改革的新构思》《创业教育论集》。与金成林、张行可、吴琴南合编《陶行知教育文集》。

（原载《生活教育》2012年第6期）

方明：忘年"陶缘"丝与缕

1981年我迷上陶行知研究，在查阅史料时就注意到一份材料中有个青年人蹲在地上放留声机给围坐在身边的流浪儿童听。当时我并不知道这个人是谁，后来有一次和方明先生一起在南京陶行知纪念馆看展板的时候，他告诉我说："这就是我。"

1984年10月18日举行的安徽省陶行知纪念馆开馆典礼是我与方明先生第一次同时参加的活动，但当时因为人多，我俩并未直接交往。1986年，我列出四百余条湘教版《陶行知全集》勘误并提出重新编辑的设想。1988年，我出任《陶行知全集》（川教版）专职编辑和编委，我与方明交往的机会才渐渐多了，其间发生的大事小事不计其数。

2008年3月，突然得悉方明先生去了。遗憾的是，我在他临走前几天才知道他病危住院，当时因繁杂公务排满日程，加上他住的那家医院离城区较远，未能赶上看望。

原定于3月14日上午举行告别会，因我于春节前就安排了3月14日去香港中文大学的行程，我特地订好下午的机票，准备上午向他告别后再赶往机场。不料后来告别时间改为3月16日上午，又留下一次遗憾。4月4日的追思会，因我仍在香港，再次遗憾地缺席。

有不少人都称他"方老"以示尊敬，但我与他从见面那天起，就一直感到他年高心少，从来不愿别人说自己老，在此就随他的心愿，尊称为方明先生。

在与方明先生二十余年的交往中，我有太多的内容想说，经过梳理，还是叙说我俩因共同的陶研事业"早就有了忘年的情结"（方明先生2004年9月20日为我所著《中国教育再造》作序用语），以及方明先生几件有开创性的事，以弥补累积的遗憾。

> **序**
>
> 由于共同的陶研事业，我与朝晖同志认识已久，早就有了忘年的情结。朝晖同志原是学习理科的，后参与了学习和宣传陶行知工作，而爱上了陶研事业。并在艰苦的条件下，自学成才，考上了南京师范大学教育科学学院的硕士研究生，毕业后，又考取北京师范大学的博士研究生，专攻教育专业，为深层次研究陶行知及其生活教育理论打下坚实的基础，其志气和拼搏精神，实在难能可贵！
>
> 朝晖在二十年的学习历程中，陆续写下了这本文集的三十多篇文章，从不同侧面阐述了在学陶、师陶、研陶中的体会，并结合当前教育工作实际，发表了自己的观点，确有不少新意和创见，十分可喜。
>
> 陶行知是中国教育现代化的先驱，他主张与时俱进，在川流不息的现代化生活中，不断培养出适应时代需要的、长久的现代人。把握生活教育的真谛，深入研究探索，努力开展改革实践，在继承和发扬陶行知教育思想的过程中，为创建有中国特色的社会主义教育教学体系作贡献！
>
> 陶研事业需要众多的较年轻的志愿者和骨干力量，为朝晖同志的追求和进步叫好，故为其欣然作序。
>
> 方明
>
> 2004年9月20日

方明先生为本书作者所著《中国教育再造》写序

一、为《陶行知全集》共同渡艰难

1985年,当我的工作单位确定为安徽省陶行知纪念馆后,我便挤出时间系统阅读陶行知的著作。当时能够找到的版本就是华中师范学院编辑、湖南教育出版社出版的六卷本《陶行知全集》。我从自己不多的工资里拿出钱来分几次买齐了六卷。在看的过程中,我发现什么错误便用笔标出来。到1987年,结合当时的工作,我已看过至少三遍了。我将这些错误用稿纸抄下来,总共四百多条,郑重其事地写了一封信,提出这套《陶行知全集》由于时间及条件限制,一是不全,二是错误太多,应该组织重编。当时我的这封信交给了安徽省陶行知研究会,后来我听说又转到中国陶行知研究会。陶行知次子陶晓光先生看到信后,或许还有其他原因,便与楼化篷等人向中国陶行知研究会正式提出重新编辑出版《陶行知全集》的议题。我于1988年6月得到通知要被借调到中国陶行知研究会工作一段时间。

1988年7月5日晚,我从合肥上了火车。因为是夏天,车厢内温度很高,又闷又热,十几个小时下来,确实很辛苦。次日,我赶到中国陶行知研究会的办公室。办公室的马老师说知道我要来,但不知道要我来做什么,让我去找陶晓光。我又赶到四道口铁道科学院宿舍陶先生家。他拿出我写的关于重编《陶行知全集》的信和意见的复印件，说中陶会也有这个想法，但当时拿不准能找到多少新的文稿，想请我先到各家图书馆和资料室查一查，等弄清底细后再作决定。

我到北京一段时间后，重编《陶行知全集》的事越来越明朗。为了加强工作力度，南京师范学院的孙传华教授也来了。吴瀚先生觉得我们从外地来太辛苦，便约我俩到她家吃饭。那天中午我们如约赶到三里河南沙沟1楼1门1号吴先生的家，欣久大姐将我们迎进去。在客厅坐下，我们就听见吴先生正和一位嗓门很高的人在里屋谈话，在外面也能听得出他们是在讨论新会长人选安排的事，因为一年前刘季平会长逝世，此后基金会许涤新会长也逝世。

吃饭的时候，吴先生向我介绍"这是方明同志"，这是我和方明第一次近距离见面并在一张桌上吃饭，却没有太多谈话。后来我们几次在方明的办公室开会或汇报工作。1988年10月10日，全国政协副主席钱伟长任中国陶行知研究会会长，在民盟中央的会议室举行了一个仪式，张劲夫先生、方明，还有许多老一辈同志都参加了，我也有幸第一次当面聆听了钱先生精彩的演讲。不久后，新版《陶行知全集》编辑委员会组成，张劲夫、钱伟长、孙起孟担任顾问，方明担任主任委员，大家推选戴自俺任主编。一年多后，大家又聘请学识渊博的胡晓风先生担任特邀主编。

此后，我们经常在总工会方明的办公室、中陶会办公室、民盟北京市委办公室或戴自俺先生家里开会。方明常问起工作进展，有什么问题，并专门写信给清华大学黄圣伦、北京师范大学顾明远等人，让我拿着信去找这些领导和专家协助查找资料。方明和陶晓光先生在工作上对我要求很严，尤其是决定要赶在1991年陶行知诞辰一百周年之际出版新版《陶行知全集》后，负责各分卷编辑工作的主编们都向我要资料，我有些应接不暇。方明打电话要求我1990年必须在北京过春节，有信即复，有电话即回。当时中陶会经费确实比较紧张，先后从外地来协助工作的李能寿、龚思雪、张邦民、孙传华、洪桥都在十分艰苦的条件下工作。为了节省房钱，方明打电话找到北京四十六中学（后改为三帆中学）的校长，要他便宜出租一间教室，让我和孙传华教授带着中陶会已有的钢丝床和铺盖住在里面。室内没有任何生活设施，我年轻倒没觉得有什么不方便，孙教授几乎没睡好觉，两天后不得不打电话给晓光搬到他那边的小招待所。1998年，我在南京再次见到孙传华教授谈起这段经历时，他说了句："太主观。"

《陶行知全集》的后期编辑工作地点转移到成都，我成了唯一可以穿梭于两地工作的人选。每一次离开前，方明、戴自俺和晓光先生都要做一番交代；每一次回来，又都例行向三人汇报。四川的工作班子前后进行了约两年的工作，我大约累计在那里工作了一年。由于没有其他经费来源，胡晓风先生给方明打过电话，也要我向方明反映，最终决定拨给四川的编辑工作组四千元人民币，但为了节省汇费，要我坐火车随身带去。这是我第一次带上这么多现金出行，整个行程三十多小时，我几乎未合眼，生怕有什么闪失。

回首往事，我和方明等一批人共同走过了难以想象的艰难。1991年10月18日在人民大会堂举行"纪念陶行知诞辰一百周年大会"之际，新版《陶行知全集》终于正式公开出版发行。正是当年严格而艰苦的要求，磨砺了我的个性品质，使我此后的人生之路和学问之路走得更踏实。

不管年龄和生活经历有多大的不同，为了共同的目标经历艰难是一种缘分。

二、陶行知故乡的见证

2000年11月12日，中国陶行知研究会与基金会在歙县召开会长座谈会。当时因我在南京师范大学学习，所以方明会前早早就告诉我，这次开会要我一定来。

当时我不太明白为什么让我一定要参加这次会议。因为此前《陶行知全集》的编辑工作接近尾声的时候，据我所知，魏心一、王世杰、丁丁、徐明清、陶晓光、吴瀚、戴自俺、苏辛涛、楼化篷等多位前辈都向方明提出过要将我的工作关系调到中国陶行知研究会的建议，但一直没有结果。胡晓风先生要我到四川省委宣传部去工作，安徽则承诺让我回安徽省教育厅工作。我则因多年未休够假，便在完成《陶行知全集》的编辑工作后，回岳西和父母一起过了一个较长的春节假期。待休完假后，我按照春节前回家时王世杰和汪平的吩咐，准备到合肥报到上班时，得到的答复是：省教育厅领导说，可能要进行机构改革，因此人事冻结。

所以自从1992年5月我回到安徽工作后,我从未主动和方明联系过,其间1996年胡晓风先生提出要续编《陶行知全集》第11、12卷,要我参加于7月20日在南京开的编辑会议,会上我与方明见过一次。1998年,中陶会举办第三届全国中青年陶研骨干培训班,方明让管德明秘书长通知我一定要去做些服务工作,我又和方明一起度过了几天。当时方明了解到我在安徽没有发挥作用,还受到委屈,在我未提要求的情况下,他于7月23日特地主动写了"捧着一颗心来,不带半根草去——录陶行知先生语书赠朝晖同志"的字幅送给我。

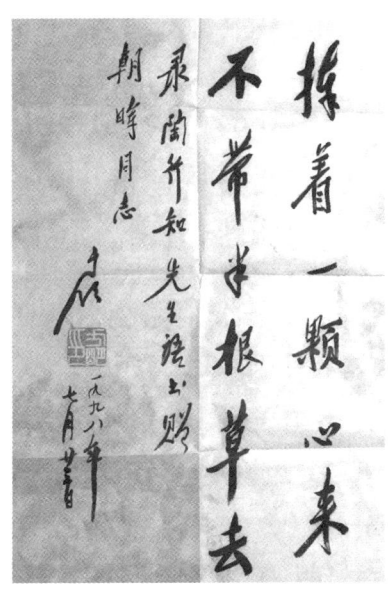

方明先生1998年为本书作者题字

收到方明写的这幅字,我既感到惊喜,又感到担当不起。

2000年11月11日,当我从南京赶到歙县紫阳饭店参加会议的时候,见面我问方明的第一句话是:"要我来做什么?"方明当时答得也很干脆,用右手食指向下点着说:"记录,一定要做好记录!"

我当时依然感到不解:做会议记录不是谁都会的吗?有什么必要让我专门从南京赶来歙县做这件事情?

在会议进行过程中,我逐渐明白了,中国陶行知研究会这次特地安排在陶行知的家乡歙县召开两会会长的会议,是由于当时方明和大家已经感到这个组织的青黄不接,缺少当初成立时的那股精气神。十六年前就是在这里借安徽省陶行知纪念馆开馆的机会提出发起成立中国陶行知研究会的倡议,这次想重温当年,开启新篇。这次会议确定韩邦彦先生任常务副会长,管德明先生任副会长兼秘书长,郭福昌先生任副会长,并对中国陶行知研究会成立十五周年的工作做了分析、反思和总结。

我当时意识到方明要我来做这次记录,主要是考虑到我是十六年前那次会议的参会人。后来我才意识到,同时经历过安徽省陶行知纪念馆开馆和中陶会成立十五周年会长办公会议这两件事的人,除了方明和我以外,确实难以找到第三人。对照方明过去的态度和要求,我对陶研会的工作有了更多了解,感到更加沉重。后来与郭福昌先生多次谈及这段时间的细节,我又得到更多的证实。

1985年9月5日，中国陶行知研究会成立，在张劲夫、刘季平、钱伟长等人的不懈努力下，各地陆续成立陶研会组织，陶行知教育思想日益深入人心。方明在十年常务副会长兼秘书长任上，先后组织编辑出版了《陶行知全集》（川教版，共12卷）、组织陶研课题、建立陶研实验基地，借鉴陶行知教育思想，总结推广科教兴村、兴乡、兴镇、兴县的经验。

1996年，方明被推举担任中国陶行知研究会会长，在截至2005年的会长任期中，他不顾高龄，全身心投入，奔走于各地，深入基层，调查研究。一些基层学校没有活动经费，只要说是学习陶行知，方明就自掏腰包购票前往支持。

方明以极大的热忱将工作的重点放在了大力推动、扶持农村教育发展，实现陶行知先生"乡村教育"的伟大理想方面。他先后宣传并推动在安徽休宁和山西吕梁、阳曲等地进行"农科教统筹"，在江苏苏州、重庆渝北等地开展"科教兴乡""科教兴县""科教兴市"等一系列实验，受到了中央领导同志的高度重视。1999年10月，胡锦涛同志到前元庄考察，给予充分肯定；2003年3月7日，温家宝同志看了国务院调查组《关于山西省柳林县前元庄实验学校的调查报告》后，批示道："农村教育必须改革，坚持'农教结合'的办学方向，实行基础教育、职业教育、成人教育'三教统筹'，教学、科技和生产相结合，柳林县前元庄实验学校教育改革的做法和经验值得重视。"国务院于

2003年9月召开了新中国成立以来第一次全国农村教育工作会议，特邀方明到会并发言。

对比他年龄小的人，方明既有父辈的慈祥，也有师长的严厉，还有朋友的真诚。为了实现工作目标，他多次找到有关单位，查询领导的批件，不厌其烦地向年轻工作人员宣传批件的重要性。有时，为了追踪、查询批件的下落，他会从一个科室找到另一个科室，甚至追寻到档案室。他总是乐观、忘我、充满活力，不怕苦、不畏难、不怕碰钉子，心里只有工作，只有人民的教育事业。

方明激活中陶会的努力所产生的实际效果并不理想。2005年，我已经到中央教育科学研究所工作，有一次他特地约我到他家里，说是聊一聊。这样放开来谈对我俩是第一次，他作为长辈，说话的时间占到百分之八十。他谈到中陶会遇到的困境，表达了对我长期从事陶行知研究并有所成效的感谢，并直白地说："我俩以前虽然见面不少，但对你了解还是不深。你对《陶行知全集》做了别人做不了的事，戴老、徐（明清）老、晓光多次跟我说过你的事。当时由于进北京户口问题不好解决，在这件事上我没有做好，没有尽到责任，今天我向你表示抱歉！希望你不要计较这些，今后为陶行知研究做出更大的贡献！"

我们一起谈了两个多小时，我看时间不早准备起身离开，方明干脆地一甩手道："一起吃饭！"但他自己不会做饭，一定要带我到院外长安街街边的商场里去吃，还抢着买单。

这次谈话让我改变了此前对方明的一些看法,尤其是因他的坦诚而增加了对他的敬意。我回来后对此前二十来年做过一次思考,方明想把中陶会建成学术与行动力都强大的组织,但他自己对学术没有足够的鉴别能力。胡晓风等人一看我写的文章就能和我建立一见如故的真诚交往。方明通常不会看专业的文章,也难以判别哪一位真正有学术能力,这恰是我俩长期交往他仍对我了解不深的原因,也恰是此前中陶会难以在学术上立下根基的原因之一。由此联想到类似的事还不少,生成了"方明式后悔"的概念。

三、陶行知先生冥冥之中给的奖

2005年12月23日,中国陶行知研究会、《生活教育》杂志社在浙江嘉兴举行生活教育研讨会。这次方明和新任会长朱小蔓同时到会,会议也安排我做一场报告。到会的二百多人都感到这是中国陶行知研究会新老交替的一次重要会议。

会议的第一天晚上,会议承办方特地安排了各地陶友的联谊活动。每个人进门的时候拿一张号码,用来抽奖,我进门时也照例拿了一张。晚会进行过程中,三等奖和二等奖都先后抽出来了。临近结束时,主持人朱建人先生请方明去抽一等奖。方明在纸箱里摸了几次,全场都全神贯注地看着他。当他将摸出的号签交给主持人时,主持人高声唱号:"68号!"大家都将自己的号签拿出来看,我也将我的那张拿出来一看，我的号码正是68号！于是我拿着号签走上前去。当场不知道我俩之间关系的人或许没感到有什么奇妙，而知道我俩之间关系的人都惊呆了。我永远记得当时方明那张诧异的面孔，连续数次问周边的人："一等奖就一个吗？""一等奖就一个吗？"我俩在大家的欢呼声中留下了合影。汤翠英老师可能是现场对我和方明之间的情况了解得最清楚的人，她凑近我的耳朵说："这是陶行知先生冥冥之中给您的！经过方明的手来给。"

第二天早饭时，胡国枢先生及众多熟人都祝贺我的运气好。如果真有这种冥冥之中的存在，方明和我都终生难以穷尽其真，诧异便不难理解。若能减少这种诧异，或许对方明与我来说都是一种福分，对陶行知研究的推进也更为有利。

四、"我的手机没有开"

2007年5月，应嘉兴市教育研究院朱建人书记邀请，我和方明一道到海盐参加全国生活作文现场教学研讨会。为了相互照应，我提前订好与方明在同一列车次的车票，5月9日晚从北京出发到苏州。

那天，因为有不少书要带，铁城主任专门开车送我俩。到方明家之前，我还提到要问一问方明的火车票是否带了。铁成和曲淑平都说方老每次都记得，不会忘记的，见面时我们就谁也没提这件事。等接到方明后，车几乎快开到民族文化宫了,我还是忍不住地问了一句:"方老,您火车票带了吗?""哦……"他一拍胸口说:"还真的忘在家了。"于是我们又回去取票,这次旅行就这样有些奇怪地开始了。

上了火车,才知道此次与我们同一包厢的上铺是一对母子,于是我们攀谈起来。儿子小朱从北京大学毕业后在澳大利亚读博士,妈妈是某航空基地的一位研究人员。妈妈说这次是利用儿子回国的空隙带他回一趟无锡老家,方明便和他们攀起小老乡了。小伙子也很有礼貌,一口一个公公叫得很亲热。方明更是健谈,从小时候的逸事,到做人做事的道理,侃侃而谈,那对母子听得津津有味。

我走时匆忙,把水杯给忘了,于是想向列车员要一个纸杯,列车员毫不犹豫地说:"五角钱。"方明反问道:"一个纸杯子还要五角钱呐?"列车员便走了。小伙子说他带有两瓶矿泉水,顺手给了我一瓶,又继续听方明说见闻,直到十一点多才准备睡觉。

第二天早上起来,方明一看枕边有个手机,说了一句"咦,我的手机",想也没想就收进了自己的小箱子里。这时,火车快到站了,小伙子才发现他的手机找不到了,于是叫来列车员一起找,铺里铺外、铺上铺下翻了个遍,还是没有找到。此时列车已到站,大家都准备下车了,那位妈妈便用自己的手机拨通儿子的手机号码,却没有听见铃声。此时,我帮方明提着小箱子走下车厢,感到里面好像有振动声,便对方明说:"方老,有谁给你打电话了,接吗?"就把小箱子递给方明。正在下车的方明似乎没有太在意。过了一会儿，方明像是想起什么事，提着小箱子大步向出站口方向快跑……

这下我可急了，因为带了中陶会的六捆书，接站的人又没来，我走不脱；可方明这么大年纪了，在人流中这么快地跑，若出了危险我哪能尽到照应责任。正急得没法，刚才与我们同车厢的那对母子也下车了，看到我一个人守着一堆书，便问："方老呢？"我说："方老下车就跑走了，我正着急呢！"我请求他们如果在出站口见到方老，一定告诉他要等我，他老人家一个人走实在太危险。

正说着，我们就看见方明四处张望着往回走，那对母子便迎着他走了过去。他们相遇后说了什么我没听见，只记得方明到我跟前时说："我的手机没有开，你一说有人打我的手机，我就感到糟了，把别人的手机误装进我的箱子里了。我得赶紧追上去还给他们，追到出站口也没见到他们，我只好又往回走。好在他们还没出站，否则就糟了！"

原来，夜里小伙子的手机从上铺掉到方明睡的下铺，恰巧方明的手机和小伙子的手机一模一样，方明以为是自己的手机就随手放进箱子里，由此发生了这样一场误会。

然后我与方明又开始了一件艰难的事：把书搬出车站。我们采取一段一段向外接力搬运的方法，其间有个搬运工过来说："五十元帮你们搬出去。"方明干脆地回答："不用了，我们自己搬！"我让方明等我搬到一处就在那里看着书，方明却坚定地说："没关系，没人要这些书的。"就这样我们用了四十多分钟才把所有的书从站台搬到接近出站口的位置,来接站的平湖市教科所吴颖强所长再帮我们把书搬上车子。

这趟旅行就这样结束了,这也是我和方明最后一次一道外出,类似搬书那样的接力却难以结束。

五、在各类学校建立教职工代表大会制度

中国学校管理体制在1950年后几经变化,未能较充分体现教师在学校中的地位和基本权利,又不能复制其他国家教师协会的做法。1950年,上海响应全国总工会的号召——教师等知识分子可以组织工会,成立了上海市教育工会,方明被选为第一任主席。

1977年,年届六旬的方明从河南"五七"干校回到全国总工会国际部上班。1979年春,又回到他1953年就任的岗位——全国教育工会副主席,并任分党组书记。与此前离开这个岗位时不同,二十余年的曲折经历使他以更长远的眼光来看这个岗位,并考虑如何发挥它在教育中的作用。

陶行知曾说:"在教师的手中操着幼年人的命运,便操着民族和人类的命运。"方明坚信曾给予自己关爱的"陶老夫子"所言。1977年8月,中央否定压在教师身上的"两个估计",在教育领域拨乱反正。百废待兴,再任中国教育工会领导的方明"为教师鼓与呼",为落实党的知识分子政策、提高教师的社会地位多方奔走。

1979年初,方明在全总八楼礼堂举行了二百多人参加的教育科学工作者迎春茶话会,告诉大家全国教育工会恢复活动了,欢迎教育工作者回到工会。方毅、王任重、陈慕华三位副总理和政治局委员倪志福到会。会后,各地也举行了类似的活动,以促进新的知识分子政策落实。

1979年底,全国教育工会在北京举行工作会议。会前,方明提出:此次会议意义非同一般,应请中央领导同志参加。但这是不符合会议规格的。于是,方明就直接向党中央写报告,结果方毅、邓颖超、胡耀邦三位政治局委员在人民大会堂会见全体代表,并都做了重要讲话。胡耀邦同志充分表达了党和国家对教育工作者、对教育工会的高度重视和关怀。方明在会上做题为《办好教育工会,为教工群众服务,为四化建设服务》的报告,提出教育工会工作"两个服务"的指导思想。他要求大家,一定要解放思想、实事求是去开拓创新!首先抓的是拨乱反正,落实知识分子政策,提高教师的社会地位,维护他们的正当权益。

方明长期做教师工作,非常了解教师,当时提出:要在政治上关心进步,在思想上医治创伤,在工作上发挥作用,在生活上解决困难,把党的温暖送到教工群众的心坎上。他认为除了关心他们的物质生活以外,还应该关心他们的政治生活,维护他们的民主权利,以充分发挥他们的积极性,办好社会主义教育事业。邓小平同志在全国工会九大上致辞,强调工会要搞好企业民主管理。那么学校该不该、能不能搞教职工代表大会制度来加强学校的民主管理呢？过去知识分子一直被当作改造的对象，参与管理是没有份的。现在既然肯定他们是工人阶级的一部分，那他们同工人阶级的其他部分一样，理所当然有当家做主、参与民主管理的权利。这应该成为落实知识分子政策的一项重要内容，也应该成为办好学校的有力措施，还应该成为学校管理制度的组成部分。但是在当时，这样做并无文件依据，只有通过实践探索。

于是，方明从1979年起就开始把试行"教代会"制度作为一件大事来抓。他首先建议全国工会九大应有教师等知识分子代表参加。接下来，他想到的是如何在基层各类学校中发扬民主，维护教师在学校工作中的基本权利。于是，他参照企业的职代会工作经验，在各级各类学校开展试点工作，积极倡导在学校建立以教师为主体的教职工代表大会制度。辽宁、上海的部分高校和中小学开展了建立教职工代表大会的试点工作，这一做法调动了广大教职工主人翁的积极性和创造性，密切了干群关系，呈现了办好人民教育事业的新气象。他又拿这些例子到处宣传、部署新试点，逐步推进各省市基层学校教职工代表大会制度建设。

方明到相关部委游说在学校设立教代会的想法时，意识到各方面认识不一致。但从一部分大、中、小学试点的结果看，效果很好，各方面都欢迎。于是，他在总结试点经验的基础上写出了试点报告，由全总党组向中央书记处提交了关于在学校建立教职工代表大会制度的请示报告。1980年6月25日,中央书记处方毅、宋任穷、胡耀邦做了批示:"可以试点,总结经验,逐步推开。"

有了中央领导批示,阻力仍不小,不同意见也挺多。方明下定决心,到处奔走呼吁,宣传建立教代会制度的意义和作用,积极推动试点工作。有一次方明将自己工作中遇到的困难向中央汇报,获得中央领导的支持和肯定,并说:"你打个报告吧。"方明就此事认真写了报告给中央,并附上支持这项工作的领导批示复制件。

他清楚地记得他把报告交到了中央办公厅的一位工作人员手中,可是等了很长时间也没有回音。一段时间以后,他与这位工作人员又见面了,这位工作人员主动跟他说:"方老,您打的报告已经批了,你看到了吗?"方明吃惊地说:"没见到哇,我一直等着啊!"这位工作人员说:"批给教育部的,差不多一年多了。"方明一听就明白了其中的问题所在,于是对这位工作人员说:"这个报告是我们全国教育工会打给中央的,我理解中央按程序批给教育部是对的,但至少也该抄印一份给我们啊!"很快,这位工作人员把中央同意在各级学校建立教职工代表大会制度的批文的抄文交给了方明。

这件事后来在推进过程中依然有重重阻力,方明却坚持不懈。教育工会同教育部、中组部多次协商,逐步推开,经过反复宣传、争取,终于促成在各级各类学校中建立以教师为主体的教职工代表大会制度。

1982年，方明根据党的十二大报告精神，将全国教育工会的工作概括为"两个高度，一个落实"：建设高度的社会主义文明，开展"五讲四美，为人师表"活动；建设高度的社会主义民主，建立健全教代会制度；协助落实党的知识分子政策，改善生活待遇，提高社会地位。足以看出建立健全教代会制度在方明心中的位置。

前后经过了七年的努力，1985年1月28日，教育部与中国教育工会联合印发了《高等学校教职工代表大会暂行条例》；1985年5月27日发布的《中共中央关于教育体制改革的决定》指出："要建立和健全以教师为主体的教职工代表大会制度，加强民主管理和民主监督。"教代会作为一项制度被确立了。

但这项制度的落实依然比方明预想的慢。1987年，教育工会第三次全国代表大会召开，国务院副总理李鹏到会讲话，鲜明提出："我们教育战线的各级领导同志都要牢固树立起依靠全体教职工，特别是依靠教师办好学校的指导思想。"李鹏在大会上讲到已经建立教代会制度的高校占百分之六十时，特地指出"这个比例是不高的"。

在各级学校建立教职工代表大会制度此后被写入多部法律。1992年4月3日通过、2001年10月27日修正的《中华人民共和国工会法》第六条规定："工会依照法律规定通过职工代表大会或者其他形式，组织职工参与本单位的民主决策、民主管理和民主监督。"1993年10月31日通过的《中华人民共和国教师法》第七条第五款规定："对学校教育教学、管理工作和教育行政部门的工作提出意见和建议，通过教职工代表大会或者其他形式，参与学校的民主管理。"1995年3月18日通过的《中华人民共和国教育法》第三十条规定："学校及其他教育机构应当按照国家有关规定，通过以教师为主体的教职工代表大会等组织形式，保障教职工参与民主管理和监督。"1998年8月29日通过的《中华人民共和国高等教育法》第四十三条规定："高等学校通过以教师为主体的教职工代表大会等组织形式，依法保障教职工参与民主管理和监督，维护教职工合法权益。"教职工代表大会制度得到依法保障。

六、促成全国人大常委会通过设立教师节的议案

1980年前后，在有些地方，侮辱、打骂甚至杀害教师，以及侵犯学校财产等事件仍有发生，成为当时一个突出的问题。方明抓住典型事件，组织力量进行调查，提出处理意见，配合当地党政和司法部门进行及时和严肃的处理。教育工会还会同教育部党组向党中央写了《关于天津、北京等地教师被毒打、凶杀事件的情况和处理意见的报告》。这个报告由中央领导批转各地，并抄送公检法部门。各地教育工会也共同努力，伸张正义，维护了教师的合法权益。

与此同时，方明想方设法褒扬教师。教育部和全国教育工会于1979年暑期在北戴河举办了二十三省市优秀班主

任经验交流会,王震副总理接见了与会的优秀班主任。代表们一面交流,一面休养。赵朴初先生看了代表们的事迹材料,激动不已,写下了广为传颂的诗篇《金缕曲·敬献人民教师》。更重要的是,到北戴河休养是政治荣誉,既推动了班主任工作,又直接影响到财政部同意发放中小学班主任年津贴。此后全国教育工会又多次举办高校优秀政工及后勤人员暑期活动、少数民族优秀教师参观团、农村优秀教师赴京参观团,等等。这些活动符合教师的特点,既活跃了生活,又起到了表彰先进、交流经验、振奋精神、提高教师社会地位的作用。

1980年春节,全国教育工会会同教育部、全国政协、共青团中央等单位联合在人民大会堂举行教育工作者春节联欢会,邓小平、胡耀邦等中央领导前来参加。又推广"庆教龄"活动,向任教多年的老教师颁发光荣证书,或者做成光荣榜,宣传他们的先进事迹和崇高品质。党政领导和新老学生发表热情洋溢的讲话,使老教师激动不已,过去的创伤与委屈得以化解,并生成慰藉和自豪。

方明当时认为,要真正提高教师的社会地位,就应该恢复教师节。1981年11月,在全国政协五届四次会议上,方明和叶圣陶、雷洁琼、徐伯昕、吴贻芳、葛志成、叶至善、张明养、柯灵、霍懋征等中国民主促进会十七位政协委员联名提交了《建议确定全国教师节日期及活动内容案》,提议恢复"文革"中被废弃的教师节,方明是这个提案的主要发起人及撰稿人。

为了确定最适合教师节的日期，方明曾征求过很多人的意见，冰心主张定在每年春暖花开的时候，叶圣陶建议定在每年秋季学生入学的日子，让学生在新学年开始就记住教师的辛勤和光荣。

1981年12月，中共中央书记处习仲勋书记接见参加全国中小学工会思想政治工作会议的代表时，方明和教育部张承先副部长一起向习仲勋口头请示恢复"教师节"。习仲勋问新中国成立前有无教师节，方明告之6月6日是新中国成立前的教师节，并介绍了1949年6月6日陈毅同志参加上海解放后庆祝教师节的情况。习仲勋听后建议教育部和全国教育工会联合起来写报告请示中央。

1982年4月23日，教育部党组和全国教育工会分党组联合，由张承先和方明共同签发的《关于恢复"教师节"的请示报告》送中央书记处，报告建议以马克思的诞辰日5月5日为教师节。

1983年6月，在全国政协六届一次会议上，方明和中国民主促进会十八位政协委员联名再次提出《为提高教师的社会地位，造成尊师重教的社会风尚，建议恢复教师节案》。全国政协审查的意见如下："建议由中共中央宣传部会同教育部研究办理。"

1983年6月30日，方明等人又向中宣部写了请示报告。9月，中宣部办公厅致函教育部办公厅："经研究全国政协六届一次会议方明等委员的提案，同意恢复教师节。"1983年12月，由教育部何东昌部长和方明共同签发的教育部党组和全国教育工会分党组《关于恢复"教师节"的请示》送中宣部。

1984年10月,万里、习仲勋等党中央领导对教育部党组和全国教育工会分党组的请示圈阅。1984年12月,教育部党组和全国教育工会分党组《关于建立"教师节"的报告》送中央书记处并报国务院。报告中说:"根据中央领导同志的指示精神,我们进行了研究,建议确定每年9月10日为教师节,在新学年开始,新生一入学,即开展尊师活动。……如中央和国务院原则上同意建立'教师节',我们建议由国务院提请全国人民代表大会常务委员会批准颁布。"终于,中央书记处于1984年12月12日同意设立"教师节"。

在此期间,又有多人以各种方式提出设立"教师节"的建议,一些地方也开展了尊重重教的活动。

1985年1月11日,国务院总理向全国人大常委会提出《关于提请审议建立"教师节"的议案》:"为了进一步提高人民教师的政治地位和社会地位,逐步使教师工作真正成为社会上最受人尊敬、最值得羡慕的职业之一,形成尊师重教、尊重知识、尊重人才的社会风尚,根据人大代表、政协委员的多次提议和各地开展尊师活动的经验,建议确定每年9月10日为'教师节'。"全国人大常委会1月21日通过了这一议案,确定每年的9月10日为教师节。

从1981年到1985年,前后历经五年的不懈努力,最终促成全国人大常委会通过设立教师节的议案。1985年

9月10日，全国教师迎来第一个教师节。从此，教师拥有了自己的节日。

七、倡议并参与《中华人民共和国教师法》的起草

20世纪80年代初期，全国中小学出现骨干教师流失、改行现象严重的情况，成为当时普及教育的潜在危机。为了稳定教师队伍，提高教师政治、社会地位，改善教师生活待遇，使教师权利的维护获得法律依据，方明倡议并参与《中华人民共和国教师法》（简称《教师法》）的起草工作，前后历经十年，四易其稿才正式颁布。

1984年，全国教育工会、中国民主促进会和全国政协教育组对教师流失情况进行了调研，大家一致认为必须通过立法手段保障教师的政治地位、社会地位和合法权益，从根本上稳定教师队伍。

1985年1月14日，方明将全国教育工会《关于中小学教师队伍不稳定的情况》报告送中央党政各部门，又送了二百份给正在开会的全国人大常委会，其中明确建议人大抓紧教育立法，制定《教师法》。

1986年2月20日，方明等人草拟了《教师法》（设想草案）。1986年3月，方明和葛志成等民进组的二十位全国政协委员联名在全国政协六届四次会议上提出《尽早制定〈教师法〉案》。提案写道："建立一支稳定合格的教师队伍，是关系到四化建设和国家兴衰，涉及到千家万户和

子孙后代的大事。但长期以来，没有把教师队伍的建设问题放到应有的战略地位，没有充分认识到师资队伍建设是发展我国教育事业的关键。……为了更好地贯彻中央教育体制改革的决定和实施九年制义务教育法，以适应建设富强、民主、文明的社会主义现代化国家的迫切需要，我们认为应尽早制定《中华人民共和国教师法》。"

1986年初，方明收到广东始兴县石人嶂钨矿中学教师朱源星寄来的《教师法》设想稿，这是真正来自群众的第一份《教师法》文稿。方明等人在此基础上，带领全国教育工会草拟了《教师法》初稿共十章六十三条，并附国际教师团体协商委员会1954年8月11日在莫斯科通过的《教师宪章》及其产生经过作为参考。

1986年2月20日，方明将草案和有关资料分送给全国教育工会、民进中央、中国陶行知研究会、北京市教育科学研究所、北师大教育科学研究所的负责同志征求意见。之后，上述五家单位组成教师法联合起草小组，推选方明担任组长，并在调查研究的基础上，约请教育专家和优秀教师座谈。1986年4月，北京市教育科学研究所梅克执笔写出《教师法》（草案）一稿。

通过全国教育工会和民进中央两个渠道，先后有近万人次参加讨论《教师法》草案。教师们对此事尤为关心，送来了大量意见。1987年8月，五家单位在青岛市教师之家召开了《教师法》研讨会，邀请起草小组以外的专家、优秀教师、党政领导参加讨论，第二次进行修改，写出了草案的二稿并提交给国家教委,同时写了《教师法》研讨会纪要,下发各地参考。

在方明组织《教师法》草案的讨论时,1987年3月,国家教委在南京召开了《教师法》研讨会。方明觉得不能各搞各的,应该联合起来,就派人参加这次会议,提交了联合起草小组的《教师法》草案,表达了对有关问题的见解。征得教委起草小组的同意,两个小组一起开展工作。

1988年3月,在全国政协七届一次大会上,方明和民进中央副主席、全国政协常委葛志成联名做了《制定〈教师法〉提高教师地位和待遇》的发言。发言指出:"根据两年来就起草《教师法》与广大教师的接触和思考,我们深深感到,必须通过立法,把教师的权利、义务、资格、待遇、培养和进修、考核及奖惩等等肯定下来,才能真正提高教师的地位和待遇,建立一支合格的而稳定的教师队伍。"这次发言强调《教师法》既要规范教师,明确教师的权利和义务,又要规范社会,向社会提出尊师的要求。

方明还在多个活动上呼吁,必须正视当前出现的"教师危机",加强制定《教师法》的紧迫感。教师危机,实际是教育危机,民族危机,这绝不是危言耸听,应当引起全社会的重视。制定《教师法》的目的,既是为了规范教师,激发他们的事业心、责任感和献身精神,提高教育质量,又是为了规范社会,使全社会重视教育,尊重和支持教师的工作,保证教师的合法权益,把提高教师的待遇、加强教师队伍的建设纳入依法办事的轨道。

1993年10月31日，全国人大常委会通过了方明等人曾为之努力的《教师法》，并于1994年1月1日实施，前后经历了十个年头。

在《教师法》通过后，方明还是一直关注《教师法》的进展。方明曾表示：最初我们的设想是要提高教师的政治、社会地位以及生活待遇，所以《教师法》规定的权利条款要写得具体、实在，看得见，摸得着，这样不仅可以稳定教师队伍，还可以吸引全国最优秀、有真才实学的人到教育岗位上来办好人民教育事业。可是现在通过的《教师法》，把教师权利写得笼笼统统，而将教师的义务写得具具体体，教师们看了，鼓不起劲来。尽管如此，现在的《教师法》经过大家的努力终于出台了，虽然不很圆满，我还是赞成的。因为，国家有一个《教师法》和没有《教师法》大不一样。我想经过大家实践，在总结经验的基础上，有朝一日进行修改，一定能修改出使广大教师满意的《教师法》。

建立教职工代表大会制度、设置教师节、促进颁布《教师法》，仅这三件事就为中国教育立下了奇功，每一次方明都感受到了成功的喜悦，体会到人生的价值。知情人都赞誉方明是中国几千万教育工作者的"领头雁"。

实际上，方明所做的远不止这些，他为教育和教师不知疲倦地创造性地工作着。他认识到普及教育是立国之本，在1980年11月12日召开的全国政协五届三次会议上，和一百五十五位全国政协委员联名提交《采取有效措施积极推进普及教育以利四化建设案》。1986年4月12日，第六届全国人民代表大会第四次会议通过了《中华人民共和国义务教育法》，并于1986年7月1日起施行。他还建议设立"班主任津贴"，倡议成立"退休教师协会"……这些事，有的历时一两年，有的前后经过五六年，他历经波折，终于一件件地做成，改善了全国教师的福祉。他践行陶行知教育思想，推进农村教育改革，在基础教育、师范教育、职业教育和农民工子弟教育等领域发现了大量典型，并宣传推广经验，促进了中国教育改革和发展。

学人小传

方明（1917—2008），江苏无锡人。1937年加入中国共产党。曾任中共上海教师运动委员会宣传委员，中共上海教师运动委员会委员、副书记，上海市教育协会党组书记，中共上海教委书记。中华人民共和国成立后，曾任上海市教育工会主席、分党组书记，中国教育工会全国委员会主席、分党组书记、顾问，中国陶行知研究会会长，全国政协教育文化委员会副主任。曾任民进中央常委、联络委员会主任委员、参议委员会副主席。

（本文部分内容曾收入开明出版社2021年版《民进名人录》第二辑）

与朱小蔓师十六年"陶缘"相牵

第一次见到朱小蔓老师大约是在1999年5月，当时她在南京师范大学田家炳教育书院新建教学楼一楼一间大约能容纳二百人的大教室里做讲座。我和几位同学选择在第一排就座，近距离听了她的讲座，主题是青少年情感教育，内容记不清了，印象深刻的是她充满激情。我们后来几次在国际农村教育研究与培训中心举办的活动中相见，她当时未必能记住我的名字。

"陶缘"让我俩走近

2001年，我在北京师范大学读博士时组建了北师大研究生陶行知研究会。2002年11月28日，北师大研究生陶行知研究会为纪念成立一周年，特邀当时已任中央教育科学研究所所长的朱小蔓老师来北师大做了题为《道德教育改革研究的趋势》的报告，深受广大陶友和同学们的欢迎。

2004年5月，我从北师大获得博士学位后到中央教育科学研究所工作。我到所里原本准备进教育理论研究室，后来人事处通知我提前到岗去缺人手的科研处上班。我没有主动去找朱老师，只是偶尔一次在楼道里遇到和她打了招呼,她才知道我到岗上班了。但想不到的是,她还是从爱护出发,托她的一位学生私下告诉我在科研处工作应该注意什么。在教科所的工作范围内,朱老师很少找我,能想起来的就是2004年9月,中央教科所举行2003至2004年度也是首届国内访问学者结业典礼,她要我起草了一份她的讲话稿。在中国地方教育史志研究会中,她任会长,我先后任副秘书长、副会长,我们有较多的交往。2012年她不再任会长后,我们就没有这种工作上的接触机会了。

到中央教科所后,我以谨守规则的态度,从未主动去过朱老师的所长室,也从未去过她家。大约在2004年下半年,时任中国陶行知研究会秘书长管德明约我一起去见朱老师,当时朱老师已担任中国陶行知研究会副会长。管老师对我很熟悉,朱老师对我还不熟悉。管老师私下告诉我希望朱老师出任中国陶行知研究会会长,他要我一起去主要有进一步介绍之意。不料次年5月18日,干练的管德明秘书长就去世了,这次介绍就显得是唯一而且珍贵的。中陶会此后经历了七年没有秘书长,只有几位副秘书长的状况。

奇妙的是,朱老师当时的办公室正好是我1988年到1992年在中国陶行知研究会编辑《陶行知全集》的办公室对面的那间,当时是全国教育科学规划办的办公室。对这个物理环境我一点也不陌生,但这一次管老师的介绍确实是我第一次近距离在一个熟人圈里更深入地了解朱老师。

此后不久,朱老师破例来到我在科研处的办公室,我感到意外又不好意思地站起身来,她用手示意我坐下后自己也在对面的椅子上坐下,开口说:"朝晖呀,我是来找你帮忙的。"我一时丈二和尚摸不着头脑道:"朱老师,您有什么事尽管说。"接着她说:"我现在知道了你是真正的老陶研,上次老管介绍后,我专门找了一些你的资料,看到你参加过《陶行知全集》的编辑工作,写了那么多陶行知研究的文章,专职从事陶研工作近二十年,与陶行知的学生有那么多的交往,像你这样很难得。"然后话头一转:"他们要我做中国陶行知研究会的会长,我现在行政工作这么重,还不想放弃做专业,但是又感到陶行知研究会的工作值得做,也不想推辞,我就想你能不能帮助我。我的想法是先安排你任中国陶行知研究会副秘书长,这事我先征求你的意见,然后和方明以及各位副会长商量一下再公布。"我当时有些犹豫,主要是深知中陶会当时的困难,就把我已经思考多年的想法告诉朱老师:"我崇敬陶行知,深爱中陶会。1981年迷上陶行知后,1984年参加安徽省陶行知纪念馆的开馆典礼,后来就在那里工作了十七年。就是在那次会上,一些陶行知的学生提议成立中国陶行知研究会,先是在歙县开会讨论,后来到屯溪再开会讨论。1985年中国陶行知研究会在北京正式成立,后来我又在这个办公室工作了几年。2000年11月,方明老感到中陶会后力不足,想在建会十五周年的时候再回到歙县召开两会会长座谈会,重新焕发活力。他把我从南京叫回到歙县,我问他要我来做什么。他抬手用食指点着说:'做好记录!'后来才知道方明挑选我是想让我做十五年前后两次会议的见证人。方明、王光宇、韩邦彦、罗明、宋玉岫、陈贻鑫、郭福昌等人参会，讨论的主题是新世纪的陶研工作，就是在那次会上确定韩邦彦任常务副会长，管德明任秘书长，后来的发展仍一直波折。"我简略介绍了中陶会工作的困境后说："我肯定一辈子都做陶行知研究，但是不是在中陶会任职是两可的，合适则任，不合适则不必任。"这次面谈后还经过了一番周折，最终各方面意见一致，开启了朱老师任会长、我任副秘书长的一段"陶缘"。

事后，我有机会去成都看望中国陶研事业开拓者，曾任中陶会副会长，又是少数能在陶研方面深度对话的忘年深交胡晓风先生，他告诉我："小蔓同志任会长，是劲夫同志反复挑选确定的，你要好好支持她的工作。"晓风先生此前因各种原因多次明确表示不在中陶会任职，但他内心一直关注着中陶会及陶行知研究的发展。

朱老师任会长后，中陶会依旧是风风雨雨，但我和朱老师之间一直是高度默契的。

共同感受"我在其中"

我在各地做陶行知研究的报告时，结尾常用八个字："陶缘无限，我在其中"，想表达的是我们因为研究陶行知而广结缘分，我要在其中尽一份自己应尽的责任。

2005年9月9日，教育部办公厅正式批准中国陶行知研究会变更会长及法人代表为朱小蔓。此前的5月,新闻出版总署批复了《生活教育》杂志的公开刊号,这成为中陶会2005年的两大变化。12月23日,中国陶行知研究会、《生活教育》杂志在浙江嘉兴平湖举办"生活教育研讨会",二百一十名代表参加会议。我和方明坐同一趟火车到会,并在车上有自1988年相识以来最长的一次交谈。此前主要是工作上的短暂见面或开会,比较长的一次是2005年我再回到北京后,他约我到他家交谈了两个多小时。嘉兴这次会议,朱老师首次以新任会长身份参加活动并做报告。

直到2008年3月2日方明因病在北京逝世前,中国陶行知研究会的各种活动仍然是方明参与多,朱小蔓参与少。2008年4月,中陶会四届三次常务理事会确定增补我为常务理事,继续任副秘书长。2009年至2011年是中国陶行知研究会以新的方式开展活动的小高峰。

2008年5月8日,朱小蔓会长借我们一起在太原召开田家炳德育项目会议的机会,赴山西考察忻州师范学院和太原师范学院,并同山西省陶研会负责同志进行交流。7月15日,中国陶行知研究会在北戴河举办两期"加强陶行知教育思想实验学校建设暑期研讨班",来自北京、浙江、江苏、辽宁、陕西、广东、广西、四川、新疆、河北、上海、山东等省、自治区、直辖市的一百多名大、中、小学校长和教师参加了研讨班。会长朱小蔓、副会长杨东平、金林祥以及我分别做报告,我讲的题目是《规范课题研究》。利用培训的间隙,我们多次小范围反复讨论中陶会未来的发展问题，强调将实事做起来，朱老师开始更多地参与各地陶行知研究会的活动。

2008年10月18日，我们第一次一起到陶行知家乡歙县，先后参加在安徽省徽州师范学校举行的全国高等学校陶行知研究所（中心）第二次联席会议和陶行知纪念馆（室）工作委员会2008年年会。这次意外见到了曾经对我们都有不少关照的老领导魏心一，并一起就餐畅叙往事。2010年，魏老去世，那次成为我们见的最后一面。

2009年是中陶会繁忙而又丰硕之年。

第一件事就是抓紧申报一个项目。经过杨东平和我的多次努力，中陶会终于通过福特项目的申报。得悉通过后，朱老师和杨东平老师说得直白、干脆，这个项目实际上就由我负责了。2009年1月11日，中国陶行知研究会农村"教学做合一"教育实验创建与推广项目启动会议在北京召开。中国陶行知研究会会长朱小蔓、常务副会长杨东平、福特基金会驻中国办事处项目官员何进和我，以及安徽省徽州师范学校、黑龙江黑河学院、山西晋中学院师范分院、山西忻州师范学院、浙江丽水学院的项目负责人参加了会议。朱老师在会上指出："中陶会对农村'教学做合一'教育实验创建与推广项目非常重视。这个项目选择了一个真问题，教师问题越来越严重，具体体现在师范生培养、教育体制改革、学校管理等方面，许多实际问题未能很好地落实。这个项目选择以行动的方式解决实际问题，方式也有新意。"

朱老师和杨老师的放手让我在接下来的三年多的时间里花了不少精力在这个项目上，每年我都要到每个项目单位调查两次，对各项目单位的进展做评估、指导，再开评估会，写了二十万字的项目日志。2009年11月18日，中国陶行知研究会"农村'教学做合一'教育实验创建与推广"年度总结暨教师教育专业委员会2009年年会在浙江丽水学院举行，这次我克服各种困难邀请八十五岁高龄的胡晓风先生到会做报告，满足了他自己和参会者的高度期望。

第二件事是对制定《国家中长期教育改革和发展规划纲要》提建议。2009年就开始筹备，朱小蔓、杨东平、金林祥、梅汝莉及多位理事开会讨论，征求部分实验学校意见，由我执笔整理完成建议稿，其间，参与了民进中央对农村教育的调研。2010年，以中国陶行知研究会名义发布《教人求真，培养真人——对制定〈国家中长期教育改革和发展规划纲要〉的建议》，主要建议为："一、将生活教育理论作为面向未来重要的教育哲学和指导方针；二、用生活教育理论改善学校教育；三、用生活教育理论克服应试教育弊端；四、用生活教育理论改善农村教育、推进教育均衡；五、建立培养长久现代人的现代学校制度；六、用生活教育理论改善师范教育。"

第三件事是办好《生活教育》杂志。《生活教育》公开刊号拿到了，但如何办好的问题没有解决。经过多次讨论，2009年7月，大部分人认同采取公开竞标的方式选定编辑团队，这个过程细节繁多，十分烦琐。9月，中陶会组织有关专家对五家竞聘单位进行公开答辩,朱老师主持,我作为评审专家之一。

为了扩大影响,中国陶行知研究会还于2008年12月12日在北京召开纪念改革开放三十年座谈会。上半场朱老师主持,我们做报告,我讲的题目是《思想是教育健全发展的源泉》;下半场杨东平老师主持,朱老师以报告《陶行知思想传播的价值》做总结。2009年4月3日,"陶行知生活教育理论当代价值高端论坛"在南京晓庄学院举行,朱小蔓、韩邦彦、杨东平、周德藩和我出席做报告。4月4日,中国陶行知研究会在晓庄学院举行四届四次常务理事(扩大)会议,朱小蔓会长对2008年的工作做总结时着重指出:"中陶会的宗旨可以表述为学习陶行知的伟大精神,继承陶行知探索中国教育现代化的未竟事业。"她说2009年的工作,"一是要继续抓好学习,二是要继续抓好研究与培训,三是要重视传播"。12月10日至12日,全国陶行知教育思想实验学校校本课题成果现场交流会在广东朝天小学举行。12月18日至20日,"区域推进陶研工作"主题论坛在嘉兴举行,朱老师以《坚持的探索,坚持的信仰》为题做主题报告,我做了《我们一起擦亮太阳》的学术讲座。另外,像重庆育才中学建校七十周年庆典之类的各地举办的活动,朱老师有空也是尽可能参加。

2010年,中国陶行知研究会换届,同样十分忙碌而充实。

当时有时刻准备着的气氛,准备认真筹备好2011年陶行知先生诞辰一百二十周年纪念活动，当时列入计划的主要工作有：筹备举行国际学术会议（朱小蔓、储朝晖负责）；筹备与民盟中央等单位联合举行纪念大会（朱小蔓、王铁城负责）；出版"陶行知研究丛书"（储朝晖负责）、"生活教育实验丛书"（储朝晖负责），分门别类地总结、介绍陶行知教育思想在推进全民教育、促进新农村建设、改善师范教育、解决农村教师问题、流动儿童教育等方面的典型和经验；筹备设立陶行知奖。

在开展陶研与教育改革实验活动方面，2010年3月1日，中陶会《教人求真，培养真人——对制定〈国家中长期教育改革和发展规划纲要〉的建议》发布后，经《生活教育》杂志、中国陶行知研究会网站、《中国青年报》、新浪教育、腾讯教育、网易、新京报、中国门户、NGO网站、青年网站、中国生态网等众多媒体全文或部分转载，起到了较好的宣传效果。同时，中陶会积极倡导教育改革、教育创新，推进教育公平，与国内外教育团体及各方面组织开展广泛交流、合作，与社会上的新教育力量联合，形成改革的合力，进行教育教学方法改革实验，提出符合中国实际的教育主张，实践"生活教育"学说，深入调研，规范各级陶研会试验基地，自觉融入教育改革大潮，实现陶行知通过四通八达的教育创造四通八达的社会的理想。计划开展的具体活动有：继续实施好农村"教学做合一"教育实验创建与推广项目，并争取新的资金支持开展第二轮实验（储朝晖负责）；召开新农村建设研讨会（杨东平参会);举办以"行知"命名的学校研讨会(姚文忠负责);召开借鉴行知教育思想、开展"自育自学"实验成果展示交流会(金林祥、何炳章负责);召开问题学生教育研讨会(金林祥负责);举办全国陶研骨干培训班(陆建非负责);召开"胡晓风先生陶行知研究读书班"(储朝晖、刘裕权负责);召开"胡国枢先生陶研学术思想研讨会"(魏建刚负责);举办《不老歌》吟咏"学陶"诗征集活动(韩邦彦、胡国枢、朱建人负责);启动"十二五"课题规划(储朝晖负责);举全会之力,支持晓庄学院办好《生活教育》。

因为日程确实太紧,当时确定了一个原则,各专委会和各省陶行知研究会的活动自行安排,中陶会分派一个联络人,其中分派我负责联络女生专委会、教师专委会和学前教育专委会,我尽可能每次都准备一个专业讲座参加专委会的活动。在筹备国际会议上,中陶会最后选定与杭州师范大学合作,童富勇老师积极配合。

对于出版"陶行知研究丛书"一事,朱老师与杨老师的态度同样很明确:"这事一切由你定了。"何荣汉博士帮了大忙。他有一张美国各大图书馆通用的借书卡,我们充分利用这一便利一起搜索了当时世界范围内研究陶行知的著作,依据原创性和专业性,最终选定何荣汉著《陶行知:一位基督徒教育家的再发现》、曹常仁著《陶行知师范教育思想的现代价值》、储朝晖著《多维视野中的生活教育》、吴擎华著《陶行知与民国社会改造》、谭斌著《文化冲突视野下的陶行知》五本。朱老师任丛书主编,并与陶城先生为丛书写了序。丛书于2011年由安徽教育出版社出版。"生活教育实验丛书"征集到几本书稿，后因其他原因不得不放弃。

在课题方面，我依据工作安排起草了《中国陶行知研究会研究课题管理办法》《申报指南》《申报有关事项》，以及《课题申请书》《立项通知书》的规范文本。当开会讨论到具体分工时，有人提议继续由我负责，朱老师将目光对着我，我明确表示："这事我做不了，没有那么多的时间。更主要考虑的是各种课题中'假研究'太多，陶行知讲究求真，如果我负责就必须只接受真研究，但几十年的调查让我十分清楚我做不到这点。"

进行换届改选工作、组建第五届理事会是2010年的重要工作。为了尽量推荐热心陶研事业、组织能力强、身体健康、能带动当地工作的同志出任新一届理事，我们从各种渠道开展联络。5月24日，中国陶行知研究会第五届一次理事大会如期在上海召开，仍未设秘书长，我继续任常务理事、副秘书长。会议特地安排了我做大会发言，我以《〈规划纲要〉与陶研工作的新使命》为题，强调"行知精神"的内涵很广，但最核心的内容是"爱"与"真"，要努力做播火者。

9月9日，中国陶行知研究会在北京市陶行知中学召开会长办公会，朱老师、杨东平、王铁城、柯小卫和我参加，明确第四季度工作安排和责任，重点是落实筹备2011年陶行知先生诞辰一百二十周年纪念活动，使中陶会组织真正有效运转起来。我负责实施的工作主要还是组织国际学术会议和出版学术研究丛书。

2010年，各专委会的活动也积极正常开展。女学生教育专业委员会第十一届年会在沈阳召开。陶行知纪念馆（室）工作委员会年会和教师教育专业委员会年会及高校陶行知研究中心联谊会年会于10月29日在黑河召开。10月30日，我主持召开"中陶会农村'教学做合一'教育实验创建与推广项目总结会"。12月18日，朱老师和我又一起参加在广州私立华联学院召开的"贯彻教育规划纲要，推进教育家办学"学术研讨会，朱老师主讲《教育家斯霞教育爱的诠释》，我主讲《教育家办学的适宜制度环境》。我还邀请了北京师范大学项贤明主讲《教育的专业化与教育家的专业精神》。朱老师事后跟我说："你邀项贤明来讲很好，中陶会的活动就是要大力提升专业品质。"

2011年，中国陶行知研究会好像面临大考的考生。1月4日，朱老师就召集我们在京师大厦召开会长办公会，讨论纪念陶行知诞辰一百二十周年的活动、召开陶行知国际研讨会、设立陶行知教育奖等事宜。

4月16日，原定于2010年举行的由胡晓风先生主讲的"陶行知研究读书班"终于开班，这是一件非常有意义的事。根据中陶会的分工，这件事由我负责。当时确定读书班学员在二十人以内，公开招选有一定理论基础且有兴趣的人参加。各地陶研会实际推荐学员共二十六人，历时五天，重在培养理论骨干。这件事遇到的第一个难题就是经费，我想到自《陶行知全集》出版后我们一直与四川教育出版社保持着良好关系，我就向他们提出求助，他们很慷慨地答应了。当时的副社长李晓翔1990年前后恰好在四川省委宣传部工作，见面时我们都感到面熟，才想起当年还有那么一段未被记忆的共事经历。招收、挑选学员和日程安排，我和刘裕权费了不少精力，我们特意将读书班的最后一天排在晓风先生八十七岁生日那天，以祝贺他的米寿。每天的日程安排是半天讨论、半天讲座。考虑到晓风先生年岁已高，不能安排他讲的时间太长，只能安排他前后错开讲三个半天，空的时间谁来讲呢？首先想到的就是朱老师，可是我一同朱老师说起，她就推："这个领域我不熟，哪能和晓风先生一起讲呢？你可以讲讲。"我们相处几年，深知朱老师在陶行知研究方面还是下了功夫的。几经讨论，最终还是安排我做一次半天的讲座，朱老师在开班时致辞，在结业前做报告。但在整个读书班期间，朱老师听了两个半天的讲座，参加了半天的讨论，实际参与了其中五个半天的活动。这在我们一起参与的活动中是少有的安排，显现出她的重视以及对陶行知研究的深度参与。这一活动是我最先向晓风先生提出的，他为此做了充分的准备，除了他的讲座，讨论他也每场必到。他多次对我说："上了你的当！"并在我做完报告后第一个提出质疑，引起现场激烈的争论，最后他告诉大家："朝晖讲的并没有错啊，我们学陶行知要的就是这样质疑、争论的效果。"

尽管经多方面努力，10月18日的"纪念陶行知诞辰一百二十周年座谈会"最终未能在人民大会堂举行，而是在民盟中央礼堂举行。11月27日，由杭州师范大学承办的"纪念陶行知诞辰一百二十周年国际学术研讨会"效果比预期的好，来自中国、美国、韩国、马来西亚、新加坡、菲律宾等国家的专家学者共一百四十多人出席会议，朱老师和我都做了报告。朱老师还参加了9月28日举行的上海市各界人士纪念陶行知诞辰一百二十周年大会，出席"和谐校园文化建设上海论坛"并做点评。11月30日，我们一起参加女学生教育专业委员会在杭州召开的第十二届学术年会，又于12月28日参加在杭州举行的行知职业教育专业委员会会员代表大会，并做专题报告。

2008年至2011年，中陶会遇到很多难以言说的难题，我曾经数次被朱老师临时叫去开会，诉说遇到的新情况，朱老师、杨东平老师和我数次在会上相视无语……

2012年，中陶会就像经历大考而成绩并不优秀的考生，发生着一系列新的变化。

4月25日，中国陶行知研究会五届三次常务理事会再次回到陶行知的家乡安徽歙县举行。这里是朱老师的祖籍，她却很少回去；这里也是我工作十七年的地方，我在此见证了当年倡议建立中国陶行知研究会这一重要时刻。这次会议的参会者与十二年前的参会者一样怀有共同的期望，与2000年相比新加入了朱小蔓，逝去了方明、管德明，当年新增的常务副会长韩邦彦到会主持，朱小蔓会长做了总结讲话。跨越二十八年的三次会议的时间曲线跃然于我的脑际。4月27日上午，朱老师重访她四十四年前插队的休宁万安，就在当天14时20分，陶行知研究终身成就奖获得者、行知研究事业的终身追随者和创新开拓者胡晓风先生因病逝世，我们在歙县的中陶会参会人员由韩邦彦召集举行了向晓风先生致悼的仪式。

7月17日，朱老师在北京主持召开会长办公会议，着重讨论了秘书处工作由北京移到南京晓庄学院后的交接工作与后续安排，以及中陶会下一步工作思路。

2013年7月15日至19日，中国陶行知研究会委托一家机构在黄山举办以培养陶行知式教育家为目标的行知式校长高级研修班。我的讲座原计划安排在16日，但由于15日晚我乘坐的从广州飞往黄山的航班因雷雨不能在黄山机场降落，又在凌晨3点飞回广州，16日上午9点再从广州飞黄山。重办登机牌登机后，我发现与北师大珠海分校教育学院院长王建成邻座，聊天的时候他说请顾明远老师到休宁参加他们的活动。我到会场后就跟朱老师说顾老师也到黄山了，能否请他到这边的会上讲一讲，朱老师说："那当然好哇！"经双方联系，我们请顾老师7月18日到会讲了五十分钟。事前我们商量的聘请顾明远教授担任中国陶行知研究会名誉会长一事也在当日公布了，我们要给顾老师课酬，他坚决不收。

18日晚上，会议基本结束了，吃饭时朱老师说："晚上到我房间聊聊天吧。"当天晚上我们聊了很多，大到国际形势，小到生活细节，但具体聊了些什么我已无法想起来了，只是对当时朱老师讲的一句话印象深刻："现在可怕的是，很多人在一起共事多年，很熟悉，是上下级，可以安排工作，可以执行你的某个要求，但是不能谈心，他内心怎么想的你永远不知道。"

此后，10月31日，我们一起去大邑县参加全国情趣教育研讨会并做报告。朱老师在2016年的换届会议等场合多次提出不再担任中国陶行知研究会会长。对于中陶会后来的发展，我俩虽都不是播因者，也都曾感到无奈，但以"我在其中"的视角看，我俩也都负有一定责任。

支持我开创新路

2008年后，我多次在中陶会的会议上阐述中陶会要生存发展就必须瞄准社会需求，提升专业品质，向现代社团转换的意见。每次我说的时候，大家都觉得说得好，但此后没有任何行动，正应了"爱之深，疼之切"的说法，我不能不感到失望。

2011年，在民政部举办的社团管理改革的研讨会上，我产生了开拓新路、恢复重建中华教育改进社的念头，并付诸实施。朱老师作为中国陶行知研究会的会长，我是她领导下的副秘书长，她却没有任何反对的意见，或许她凭着对我的了解，站到支持我的一边。

2013年8月16日，恢复重建后的中华教育改进社第

朱小蔓老师与中华教育改进社恢复重建后的
第一届社员代表合影

一届社员代表大会在北京召开。我抱着为中陶会向现代社团转换提供实例参考的心态，也为了证实我此前多次所说的现代社团实际怎样运作、如何可行，我将这个消息告诉了朱老师，并希望她到会致辞。她先给出的回答是："要看到时候的时间是不是有空。"不排除她在后续的几天里反复思考是不是参会，我也不急于催她回复。直到开会前一天晚上，她打电话告诉我到会，并问我："我能讲些什么呢？"我回答："给些鼓励吧。"

8月16日，朱老师一早就赶到会场，在听了一段时间后，发表了明显下过功夫准备的讲话：

各位社员：

大家好！我作为中国陶行知研究会的代表在这里发言。首先祝贺中华教育改进社恢复重建，祝贺第一届社员大会召开。你们成为历史上由一批先行者所创立的光荣组织在当代复建后的第一批社员是很光荣的，希望用自己的行动继承他们未竟的事业，这是十分有意义的。

中华教育改进社是1921年12月23日由实际教育调查社、新教育共进社、新教育杂志社合并组成的。蔡元培、郭秉文、张伯苓等为董事，陶行知为主任干事。在那之后每年开一届年会。

陶行知在当日晚宴席间发表讲话说："参与教育革新的运动，须具两种精神：一是开辟的精神，二是试验的精神。有开辟的精神，然后愿到那人不肯到的地方去服务，然后我们足迹所到之处，就是教育所到之处。有试验的精神，然后对于教育问题才有彻底的解决，对于教育原理才有充量的发现。但开辟和试验两种精神，都非短少时间所能奏效的。"

当年成立教育改进社可以看作是中国教育现代化、教育科学化的开端。陶行知等一批人是肇始者，是先驱。陶行知说，过去把教育看得太浮泛、太普通了，对教育要做专门的研究。为此，他在南高师鼓励开出教育统计学，开设心理学、实验心理学；他们提倡效仿自然科学重实证研究、重分析而不仅仅是思辨；他们发起成立教育调查组,进行一个个专题调查,比如曾调查江苏学务委员的工作情况等;他们主张用试验的方法,不是短时间,而是沉潜下去。

比如,当时曾研究过科学教育的改善、研究教学中的问答法,这似乎是很小的问题,但体现了他们追求科学精神与科学方法的想法。陶行知说,教育要做的事太多,不可能都实现理想,能看准一件具体的事,聚精会神地干它一下。至于工作方针,陶行知提出要积极联络,即知即传即联,要互助,要合作。根据史料看,改进社的人数是一年年增加的,注册人数逐年增多。

前辈们追求的教育现代化、科学化之理想显然远未实现。陶行知等怀着教育救国的理想,希望把美国及欧洲先进的教育思想、教育科学带到中国。陶行知没赶上新中国成立,但陈鹤琴先生1950年就有提案,建议成立中央教育科学研究机构,以适应教育科学化的需要。他们想的就是教育要提高水平。经过改革开放三十多年,我们的教育现代化、科学化水平是大大提高了,不仅健全全国到地方的教育科研机构,而且大学的教育学科越来越多,各级教研员队伍长期以来发挥独特作用;重视群众性教育科研的情况,在中国之外的其他国家还很少见。但渐渐地还是有使现代化、科学化走偏的情况。教育研究存在跟风现象,有的研究故作高深,缺乏问题意识和现实关怀,离开真正的教育现场太远;基层存在的问题、真正需要研究的一些问题得不到研究上（道义上、政策上、经费上）的支持，还有过分地追求规制和格式统一、堆砌无意义的数据、过分形式化包装的科学化等等，我认为，这些并不是真正的教育现代化、科学化。教育现代化、科学化的本质是鼓励思想解放、敢于发现新知识和新道理，是努力建设学术争鸣与创新的民主制度，以及平等、信任的人文氛围，是踏踏实实、不虚张声势、严谨求实的研究态度和作风。当然，科学化也是专门化、专业化，是指受过一定训练的人做学术上、研究上的带领。我觉得教育研究现在主要不是缺少知识的问题，而是缺少实事求是的精神，缺少踏实的态度，缺少深刻的思想见解。

现在教育学术组织比较多，活跃程度、发挥作用参差不齐。复建后的教育改进社首先是要继承传统，认真了解教育改进社的工作历史、工作宗旨，从根本上说是要得其精神灵魂。如果这个组织有那么一种风范，我觉得就有希望。我们学习陶行知等先辈，不能离开对时代背景的认识，不能离开对这些人物的思想、生活史的了解和正确认识，否则不可能得其精神。你们的组织完全是自下而上草根性质的，是自愿且志同道合地结盟在一起的，好处是它主要靠信仰，靠热情，靠有相同的理念走到一起，是希望有个平台可以追求理想，做些事情，发出自己的声音，并不是在这里谋个人什么好处，捞什么个人名声。因此我希望各位能团结一心，找到工作着力点，关注现场、付出行动。相信这支队伍经过若干年，可以发展壮大，可以有所作为。

多年后看这个讲话，每一句都那样贴切，经得起时间检验。

在2016年3月11日举行的纪念中国陶行知研究会成立三十周年大会上，朱老师发表了题为《陶行知现代教育学说的价值与意义》的讲话，将我的名字与胡晓风、胡国枢、章开沅等人一起列入"着手编辑出版陶行知著作，或发表了大量研究性著作和普及读物"的一批专家、学者名单之中。

绵绵关切力久永

朱老师多次对我说："我一看到你就觉得你有徽州人的气质，从脸盘到动作。"朱老师父亲是歙县人，母亲是安庆人；我则在安庆生活十七年后在徽州学习工作了二十年，常常跟人说自己是典型的安徽人。这成为朱老师与我有更多共同话语的一层原因。

2017年10月4日中秋节，我通过微信向朱老师问好，她回复："谢谢朝晖。身体自我感觉还可以。祝节日快乐。你也一定要爱惜身体，你的才华要做的事很多呢！"

……

2019年1月26日，我看到生命教育网发了朱老师关于生命教育的一段访谈视频，便转发给她，并提前祝福她新年快乐。朱老师回复："朝晖，新年快乐，身体健康！最近身体好吗？惦记！""惦记"后的那个感叹号显示出真诚的关切。然后朱老师又回复："老年慢性病了，与它相处吧，身体弱，干不了什么了。"

2019年4月8日，早上一起床，我就给朱老师发微信："朱老师，身体好点了吗？昨晚梦见我们一起在什么地方参加活动，祝福！"当天中午朱老师回复我："谢谢朝晖惦记！我在南京化疗，吃苦头，但还能坚持。祝你一切都好！"

2019年9月20日，我告诉朱老师两天后将路过南京，抽空去看她，并转发了作家春桃花了大半年时间写的关于我的一篇短稿。她回复："谢谢朝晖，我这几天身体特别不舒服，请你是不是不要来了。如果一定要来，后天麻烦你三点左右到医院。抱歉啊！写你的这篇文章写得很好，我读了也很受教育。"

9月22日，我还是到医院看望了朱老师和吴老师，我们倾谈了近两小时。朱老师依旧那样关切国家的前途、民众的疾苦、教育的未来，并坐起身和我合影。在我离开医院把照片发给朱老师后，朱老师回复："收到。谢谢你来看我。见到你很高兴。你多保重，爱惜眼睛。"

2020年2月8日是元宵节，我发微信问候朱老师后，朱老师回复："谢谢朝晖！最近眼睛出问题，暂时不能去医院。其他尚可。祝你们元宵节快乐！请保重身体！"

2020年6月13日早起，我给朱老师发了一条微信："朱老师，近期身体恢复得好吧？今天凌晨两点左右，我梦见您喊我：'朝晖。'我立马回了句：'朱老师，您最近身体好吧？'我循着声音看到您推了辆自行车在蓟门桥东下桥的位置，我自己也好像是骑车向西边去。祝福！"这次却没有收到朱老师的回复，永远收不到朱老师的回复了！

2020年8月10日下午3点半，我几乎是第一时间得悉朱老师走了，从此我俩不再会有同时的出行和归程，如果有只会在梦中。

学人小传

朱小蔓（1947—2020），1973年在安徽师范大学中文系毕业留校，曾任安徽师范大学团委副书记、党委政工组宣传小组组长。1978后任南京铁道学院党委宣传部副部长、马列主义教研室副主任、德育教研室副主任、政教处负责人。1988年在东南大学哲学与科学系获哲学硕士学位，1992年在南京师范大学教育系获教育学博士学位。1992年至1993年在莫斯科大学哲学系做访问学者。1994年后任南京师范大学教育科学研究所所长、教育科学学院院长、教育部人文社会科学重点研究基地南京师范大学道德教育研究所首任所长。1996年至2002年任南京师范大学副校长。2002年后任中央教育科学研究所所长、党委书记。2004年经俄罗斯联邦教科院院士大会公开投票选举为外籍院士。2007年任联合国教科文组织国际农村教育研究与培训中心主任、北京师范大学教授。

2004年兼任中国陶行知研究会会长，2005年至2020年任中国陶行知研究会会长。曾兼任中国地方教育史志研究会会长、中国教育学会副会长、中国教育发展战略学会副会长、全国教师教育学会副会长。主要研究方向为教育哲学，道德教育哲学，情绪、情感发展与教育，教师教育。发表论文一百三十篇，出版专著《情感教育论纲》《教育的问题与挑战：思想的回应》等二十余部。

（原载《生活教育》2020年第9期，原题为《十六年"陶缘"相牵——深切怀念朱小蔓师》）

与程仁灏十八载"陶缘"怎了

程仁灏老师去了,从前些日子他的病情看,全在料想之中。然而失去了一位相处了十八年的亲密长者,却又不能不让我心灵产生震颤。"十八"这个常被人们认为是非常吉利的数字,却成了我俩一起学陶师陶的极限年数!

十八年前的1981年,被批判了三十年的陶行知得以平反,经历了二十余年不公正待遇的程仁灏老师也焕发出青春的活力,参加了安徽省陶行知教育思想研究会并任理事,着手筹建歙县陶行知教育思想研究会,我也迷上了这位教育家的思想理论。1982年暑假,我满怀激情地来到陶行知就读过的崇一学堂旧址,程仁灏和汪麦浪老师与我虽有近四十岁的年龄差距,但因共同的学陶师陶事业,一见如故,忘年莫逆,无话不谈。

我在崇一学堂的门道上临时搭了个铺,程仁灏和汪麦浪老师每天都要来看我,关心我的生活。这种温暖使当年还是初生牛犊的我,在接到千里之外的父亲写下的"如不立即回家就断绝父子关系"的那封邮递员从门缝里塞进来、几天后才被程老师和我打扫卫生时发现的信后,仍能静下心来读完当年已收集到的各种陶研资料。即将开学时,我要回校,临别前程老师专门叫来照相馆的师傅,给我们三人留了合影，并签名送给我陶行知著的《中国教育改造》和《行知研究》第2、3、4期。我如获至宝，一直把它们收藏在身边。

如果说我与陶行知结缘走了三步，其中必有一步是程仁灏老师促成的，所以叙述与程老师交往的文字不是写出来的，而是自然流淌的。翻阅旧时笔记，1982年8月14日，我离开歙县时曾写一诗《敬赠程仁灏老师》："稚童无羁攀天都，多亏岩松一臂助。饱览山麓烟波渺，尽受峰胁景致酬。扪心问已望绝顶，立志示人行蛇路。遥征路上记君起，回向黄山三叩首。"

照一般的逻辑，我与程老师的交往至此也就可以了结了，可随后程仁灏和叶椿遐老师到徽州师专做报告，叫我帮着发资料。日后我们也常有通信。1984年，当改建后的安徽省陶行知纪念馆开馆时，程老师也未忘通知我来参加开馆典礼。徽州师专组织一些班级到陶馆参观，也把我拉着当向导，使得我们的"缘分"不仅未了，而且越来越深，以致我被同学们直呼为"陶先生"。

最令人难以忘怀的是，我毕业前的5月的一天，程老师从歙县赶到屯溪找到我，说明这次专程来是想问问我是否愿意到陶馆工作。当时我没有思想准备，没有明确答复。此前徽州师专的黄安澜老师问过我是否愿留在徽州师专任教育学教师，徽州行署民政局的程自振同志则要我到民政局去参与他们创办一所特殊教育学校的工作。当时由于内心、家庭、地区间的各种矛盾，我都未作明确答复，只好对各方都回答与学校政策一致的"服从分配"。此后酷热的天气里，程老师又来回跑过多趟，加之学校和省、市（地区）、县各方面的支持，我最终以一个外地的物理系毕业生的身份到了安徽省陶行知纪念馆工作。之所以能如此，于我而言是为程老师等人的诚心所感动，但这也是程老师想办一件事就始终不渝地进行到底的必然结果。

在我的心目中，陶行知已是在书本和各种媒体中的，而程老师却把众多媒体中的东西以活生生的生活实例展现在我眼前。

同在一个单位工作，我们的接触更多了。我们都想奉行"君子之交淡如水"的原则，我俩之间很少有礼品的往来，但从内心深处，我俩的每一举动都体现了相互关爱，彼此心照不宣。在我俩住在斗山街的同一个院子的五年多时间里，逢年过节，师母总要表示一点心意，以示对我这个单身汉的关爱，这其中当然包含着程老师的心意，而独身一人的我却缺少回敬程老师的方式和渠道，因此这笔债一直欠到现在或永远。

十八年的相处，经历了三言两语难以说尽的事件，也构建起了程老师不同常人的人格架构，乐观是它的主调。无论遇到什么事，即使成功的希望几乎为零，程老师仍然乐观，仍然冷静地想办法。纵然事情已发展到不可挽回的地步，程老师也不会产生一点悲观情绪，反而会从另一种角度来解释这一事件。我想这种人格的自我调节系统是在他所受到的二十余年的不公正待遇中给磨出来的。与之相关的便是人格的时间维度的特性——坚韧，陶行知的诗"我是小先生，热心好比火山喷，生来不怕碰钉子，碰了一根化一根"恰到好处地描述了程老师的个性，也许程老师正是照这首诗来塑造自己的个性的。为了落实歙县陶行知教育思想研究会的办公地点，为了解决崇一学堂旧址的产权归属问题，为了动员因1969年"七五"洪水迁入崇一学堂居住的十余户住户搬出，程老师不知踏了多少门槛，求了多少人。我亲耳听他一遍又一遍地述说，一次又一次地与住户说理、谈心，就像陶行知当年"十叩柴扉九不开"，就来个"百叩柴扉十扇开"那样，终于叩开了安徽省陶行知纪念馆的创建之门。

每当我读起陶行知的诗，"博爱存心，和光映面；不惑不忧，不惧不恋……不急不息，法天行健"，我自然就联想到现实生活中的程仁灏老师。陶先生当年办学遇到难以渡过的难关时，便提倡"集体的新武训精神"，即"三无四有"："一无钱，二无靠山，三无学校教育"，"他有合乎大众需要的宏愿，他有合乎自己能力的办法，他有公私分明的廉洁，他有尽其在我、坚持到底的决心"。程仁灏老师不属于"三无"，却真正做到了"四有"。

遵照自然的规律，人的生命如同写文章一样，不了也了；而人的情感却遵循另一原则，了也不了；如同众多程老师的学生和朋友那样，程仁灏老师的人格形象是永远不会从我记忆中淡去的。

（原载《黄山日报》1999年11月4日）

麦浪先生的真

当社会上假人充斥的时候,真人尤为难得。

2009年底,照例给一些前辈打电话问候。在打给安徽潜口汪麦浪先生时,他留下的三个号码,有的停机,有的不通,一种不祥的兆头在我脑中盘桓。经与他接近的人验证,才得知他已于春天仙逝了。

我怎么一点也不知道!我第一个感觉就是这个世界上又少了一位真人!

汪麦浪老师没有显赫的权位或名气,但他确实是我所结识的一位真人。到他八十四岁辞世,我和他的交往有二十八年,其间有述说不完的动人小事,一件件都浮现在眼前,显示出他是一位当今社会复杂环境中活生生的真人。

麦浪先生束发之年就受到陶行知教育思想的影响,到实施生活教育的一所实验学校——为公学校上学。该校由陶行知弟子并挚友方与严先生指导他的儿子方怀毅创立。麦浪先生在这所学校度过了他的童年和少年生活,那时正是生活教育运动的普及教育和战时教育期间,他在学校里参加小先生活动,开展即知即传,生活教育理论和真人的种子便在其心灵中滋长。1947年,先生在黄山脚下创办紫霞学校,将生活教育理论运用于实践,实施陶行知所倡导的民主教育，为战后经济凋零的农村贫困孩子提供就学机会。在保留至今的该校工作会议照上，有先生所题小诗："集同志们的力，来培养穷孩子的前程。用乐干精神，开创学校，以学校来训练乐干。是力的成果，汗的延续。"

歙县解放后，先生成为新生政权主管歙县教育的三位领导之一，但在接下来的批判陶行知和思想改造运动中，先生感到有些不适应。在"反右"运动中，先生被打成"右派分子"。汪勉今师母多次告诉我，那段时间她印象最深的一句话是"百无一用是书生"，一个大男人要靠她这个农妇养家糊口，先生所能做的只是在乡间行医。

直到1978年，先生始获转医从教的机会，到离陶行知家乡黄潭源村最近的中学潭渡中学任教。1979年，日本研究陶行知的学者斋藤秋男要到陶行知家乡寻访，中国国内的人对此知之甚少，留下遗憾。1980年，歙县政府将程仁灏和汪麦浪先生抽调到县城陶行知曾就学的崇一学堂旧址筹组歙县陶行知教育思想研究会，并筹建安徽省陶行知纪念馆。

1981年10月18日，全国政协开会为被批判了三十年的陶行知恢复名誉，全国学习陶行知的活动开展起来。1981年10月底，屯溪举办了陶行知生平事迹展，就是在这次展览上，我和汪老师第一次相见。他当时担任讲解工作，听了他的讲解，我和同来的同学周冰都很感动。与其他来参观的人不同，我和汪老师特别地相互留下了通信地址，这成了我俩二十八年缘分的起点。

这个通信地址在1982年暑假前发挥了作用，我写信给汪老师，问能否让我在暑假期间到崇一学堂旧址读陶行知的资料。很快，我就收到他于6月29日用毛笔在安徽省歙县陶行知教育思想研究会的信笺上写的回信，信中表示欢迎。

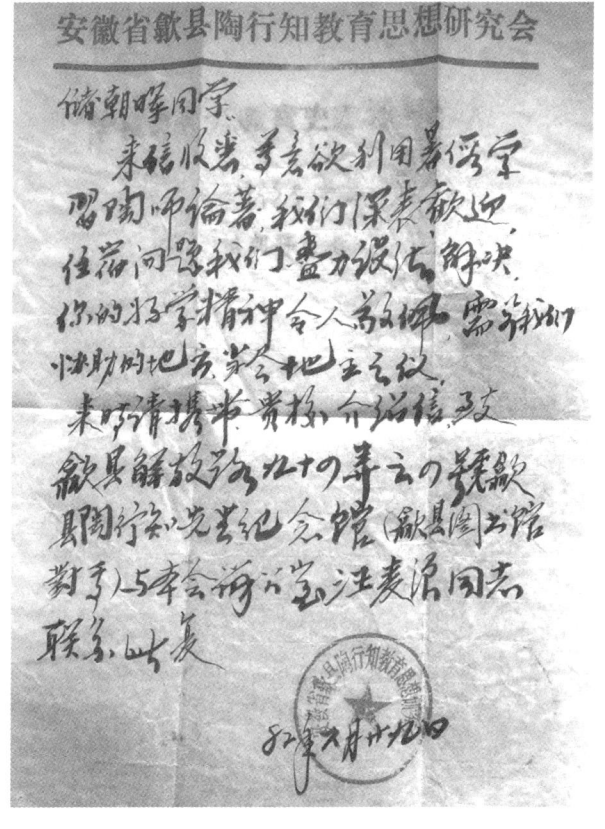

1982年汪麦浪老师写给本书作者的信

储朝晖同学：

来信收悉，尊意欲利用暑假学习陶师论著，我们深表欢迎。住宿问题我们尽力设法解决。你的好学精神令人敬佩，需要我们协助的地方，当尽地主之仪（谊）。

来时请携带贵校介绍信，致（至）歙县解放路九十四弄之四号歙县陶行知先生纪念馆（歙县图书馆对过）与本会办公室汪麦浪同志联系。此复。

安徽省歙县陶行知教育思想研究会
1982年六月廿九日

于是我一放假就去找他，我印象深刻的是那天中午他自己做饭请我吃。当时的生活条件比较艰苦，他就住在陶行知曾住的那间宿舍里，我们也就在那间屋里吃饭，虽只有豇豆等三个素菜，但能感到他已经做了很多的准备，像接待贵客一样接待我。

1982年7月7日，大约是到崇一学堂的第三天，我在日记里写下几句顺口溜："兴致来徽城，百物皆牵心；涟漪桥下水，太白楼古门；二十四根柱，大学士'横行'；放下臭架子，苦乐人中行。"在此后的四十多天里，他帮我找资料，联系到附近的歙县教育局食堂搭伙，对我的生活给了很多关照，更重要的是我们进行了广泛深刻的问题讨论。傍晚我们一起到河边的人民公园散步，正是在这样的深度交往中，我从内心深处感到他与别人有着巨大的不同，当时我还难以总结出来差别在哪里,现在回想起来就是待人真诚,没有一点虚伪。在我离开崇一学堂之前,他和程仁灏老师送了我《中国教育改造》和第2、3、4期《行知研究》,由于第1期《行知研究》太少,他们为不能赠送特地加以说明。8月14日我写了《赠汪麦浪老师》:"(一)感君殷勤助,深愧无以酬;暂留蹩字迹,相思以为由。(二)行舟逐波涛,浪尖把欲招;遒劲击水橹,藉水为水摇。"这里将"浪尖"作为对他崇敬的指代,我们都试图推动教育改进之舟破浪向前。

8月17日,在离开崇一学堂的时候,我写了《去徽城》:"四旬之交情意好,言语不畅神通了。痛享人间苦中乐,瘦了面容长'神膏'。"虽然当时我还不会说甚至不完全听得懂歙县话,但因为汪老师如此真诚,使我俩结下"一见如故、莫逆忘年、无话不谈"的终生情缘,也使我与陶行知教育思想结下终生缘分。

1985年大学毕业后,我被分配到安徽省陶行知纪念馆工作,由于我与汪老师同在安徽省陶行知纪念馆工作,又在斗山街同一栋房子一起住了四年,他的真人一面更加充分显现。那时我还是单身,我们之间没有送过任何礼品,但这丝毫不减我们之间的情谊。每逢春节,他和师母都以我家在外地为由邀请我吃一次便饭,依照歙县的风俗请我喝茶、吃茶叶蛋,其间有几件记忆深刻的事。

为了建设陶行知纪念馆,需要动员因1969年洪水毁房住进崇一学堂的十余户住户迁出,其艰难程度可想而知。

有一住户看准汪老师每天不开灯摸黑上楼的习惯，竟在他必经之处将楼板抽掉，然后用乱草敷上，存心让他从楼上跌落下来。恰巧那天晚上有一个人和汪老师一起上楼，汪老师打着电筒，才免于一灾。在查清是谁干的这件事后，他并没有为难那家住户，依然真诚地和对方说理，事后这家住户见面总是客气地叫他"汪老师"。也许是他的精诚所至，才使金石为开吧。

然而，真诚并非能感化所有虚伪者的心。按当时的政策，汪老师的儿子是可以由县里安排工作的，也曾列入县里安排工作的名单，然而在暗箱操纵过程中汪老师儿子的名字被换成了其他人。于是我见到他少有过地发怒，他找到当时主管这一工作与他还是本家的县委书记，指着鼻子质问道："您给我说清楚为什么换人了？我知道怎么样就能将我孩子的名字再列进去，但我不会这样做，我有我的人格！"他的儿子也就从此失去了本应有的"铁饭碗"，一直在农村务农兼做些木工。

1992年，陶行知纪念馆建了四套集体宿舍，依据汪老师的资历且家不住在县城这一实际情况，他应该可以分到一套。然而分配方案的结果却是汪老师与这四套房子无缘，我则因家在数百里之外而分到一套。我们一起从斗山街搬出的景象让我刻骨铭心，我搬到新建的宿舍，他却要搬到几十里外的潜口老家。我除了数十捆书和资料以外，几乎没有什么家具；他工作一辈子，也没有什么家具，除了书以外，就是当时担心发下来的煤票过期作废而及时买来却又十分节省着烧而余下的一堆煤球,他所谓的搬家就是用大货车搬煤球。

他工作了一辈子,他和师母心中的郁闷对我来说就像遥感的对象那样清晰巨大;他能理解我心中的无奈与尴尬完全取决于造成这一局面的第三方,并嘱咐我把研究工作做好最重要。十余年后,当我能整体理解这件事的时候,除了显见的不平,更加感到他是一位伟大的真人,从不借助于身外之物为自己谋利,当时他只需稍稍"伪"一点就可以分到一套住房。然而他不,坚决不!

或许时下不少人觉得像他这样的人无用,吃不开;但我感到分明是社会环境有问题,是他周围的人有问题。如果有更多像他这样的真人,社会文明程度就会有显著提升,这也是陶行知研究和生活教育理论的价值所在。

汪老师很有才,不仅书法很有特点,还会绘画;不仅对陶行知有较深研究,还对徽州文化、诗词歌赋精通。仅他对徽州茶道的概括就让太多的人敬佩不已,该诗全文如下:

一、煮新安江水,沏黄山顶茶。

二、净茶皿以雅,战灵芽石露。

三、金铛一杯水,温杯待香熏。

四、茗芽卧起味,银勺试分茶。

五、活水三春候,石髓润粒芽。

六、凤仪三点点,高山流水情。

七、手旋银针转,汤清兰气生。

八、银拂泼清汤,波下无点尘。

九、一川烟景合,杯蕴兰气馨。

十、茶道逢君子,两只更清心。

十一、清心诚乐事,净杯品兰茗。

十二、启盖拨兰烟,荡汤发清馨。

十三、会心不在远,色香得天真。

显然,这不只是在徽州一千二百多年茶文化积淀基础上倡导"立德、陶情、会友、敬宾"的茶道,还是汪麦浪老师的人生之道,体现了他的真人品格。

2006年,汪老师曾托人将他所写的《生活教育理论与实践》书稿带到北京交给我,我知道这是他自1981年就开始写并反复修改的书稿,序中有《二十年承师道篇》的七律诗一首:"束发陶园受教时,生活教育迪我心。桃李春风纳宇宙,杏坛绛帐受真缄(原文如此,疑应为'箴'字之笔误)。红烛有心频入梦,丹心承道老更深。道理分明方及远,创造传承白头吟。"他对"道"的责任感足以说明他为何如此之真。2008年,八十三岁高龄的他在病榻上还用左手写成《厚德载物修己安人》一文,言语中的真诚更是光芒四射。

陶行知先生有名言:千教万教教人求真,千学万学学做真人。"真"之何谓?这"真"就是真诚地追求真理,真诚地献身人民的事业,真诚地做人,真诚地做事。

汪老师曾写过《陶所之春》赞扬他的前辈和同乡陶行知。行文将结,请让我以此诗表达我对他真人人格的敬仰吧,诗曰:

> 黄山之苍苍兮,合天目之皇皇。浦江之泱泱兮,汇燕矶之茫茫。人民之骄子兮,丹心千古沁芬芳。缅怀先生之器度兮,燃吾侪之烛绍夫子之光。

汪老师激励我们要努力使自己成为真人,努力培养真人,努力创设让真人发挥其才智的社会环境。

追寻真人之路任重道远矣!

(原载《生活教育》2010年第4期,收入本书时有增改)

伍棠棣:把研究报告写在孩子的成长上

伍棠棣先生一生坎坷,从心理学入手,深入教学一线,倾心孩子。1981年后,他在景山学校长期蹲点,瞄准孩子的成长与发展做研究,在心理学和小学语文教材建设上做出了令人信服的研究,产生了深远影响。他对自己严格要求,对他人平等相待,对后学包容,做研究没有功利心。他的专业见识、精神却未能得到有效传播和传承,不能不令人深思和惋惜。

得悉著名心理学专家伍棠棣先生于2015年6月16日在北京去世的消息,我感到很突然。此前,他还在电话中底气很足地说:"有空到我这里谈谈,我有很多话要跟你说。"声音犹在耳畔。回想第一次见到伍老师,他是那么平易近人,还专门从自家居室走约五百米到大院门口接我。如果不是事前就知道要与伍老师见面,我实在难以相信这就是通晓英语、俄语、德语,翻译出版过《普通心理学》《心理学的哲学基础和自然基础》,主编出版过《关于建立我国语文教学心理学问题》《苏联教育心理学简史》等著作的心理学专家。在对伍先生的仙逝深感悲痛的时候,不能不回顾他在中国教育学和心理学领域所做出的巨大贡献。

一本影响广泛的教材

1980年之后，很多从事教育专业工作的人都学习过伍棠棣、李伯黍和吴福元主编，人民教育出版社1980年2月首次出版的高等师范院校公共必修课《心理学》教材。这也是我1981年上大学后，第一次接触心理学时所见到的较为简明而又系统的入门教科书。依据心理学首因效应，第一次接触的印象最为深刻，相信不少人与我有相同的感受。当时从图书馆所能借到的心理学方面的教材都是从苏联翻译过来的，或许由于翻译水平不高，或许原本就不是高质量的作品，看了总有些隔膜，或有囫囵吞枣的感觉，而看伍老师等主编的《心理学》就感到浅近亲切。当时学校阅览室里几乎看不到专业的心理学期刊，我只好用自己省下来的零花钱自费订了《大众心理学》和《心理学报》，一本比较通俗，一本比较学术，其中的文章多是专题讨论，伍老师等主编的《心理学》是读这些期刊文章的很好铺垫。

据该书前言介绍，它是教育部委托北京师范学院心理学教研室和上海师范学院心理学教研组负责组织编写，由哈尔滨师范学院、吉林师范大学、重庆师范学院、福建师范大学等单位的人员参加编写的中国第一部高校公共心理学教材，主要供高等学校学生学习心理学公共必修课使用。这本教材初版以后，受到使用者的好评，截至2002年，累计印刷二十四次，印数达一百二十万余册。

心理学在"文革"期间曾被批判为"伪科学",该书是"文革"结束后,心理学刚刚恢复名誉的时候编写的,也是高师院校心理学复课后最先编出的一本教材,在一定程度上有开创之功。编写这本《心理学》本身就是一次思想解放,长期停业、改行的高师院校心理学教师和非教育学、心理学专业的学生都从这本书中获得很多帮助。该书的编写体例为此后各科教材所借鉴。

该书之所以受欢迎,主要是因为编者对心理学的理论体系和基本概念很熟悉,能深入浅出地讲清心理学的基本概念。全书结构简明,概念清晰,每章后附有练习题,具有较广泛的适用性。此后,不少人聆听过伍老师的讲课、报告,不少心理学专业的硕士生、博士生还得到过他的关爱和指导。伍棠棣成为一个时代里学习心理学的人首先会联想到的一个人名。

历经坎坷矢志不移

伍棠棣1921年生于广西桂林平乐县安良村。对于他的童年和少年生活,外人知之甚少,他的儿女们也说很少听他谈起。20世纪50年代,他就已经是北京师范大学教育心理教研室年轻有为的心理学专家了,我曾见过他以专家的身份和毛主席、熊子容等人合影的照片。

现在能找到伍老师最早的文字作品是1941年初他在桂林《大公报》的副刊《文艺》上发表的诗作《午夜》:"理

想在春天里开花,你有理想你就有一个永不凋谢的春天。"伍老师的理想能否延续为不凋谢的春天,需要更多有理想的教育人担起这一责任。

1951年,伍棠棣从中共华南分局土改工作队到广州中山大学工作。在得悉清华大学办的巴甫洛夫学说研究班招生的消息后,他急忙赶到北京报考。因事先未征得学校领导同意,他面临可能受到严重处分的困局。他"非常后悔、痛心,认真写了检讨寄给学校"。"学校对事情做了调查和核实,认为检讨是真诚的,认识也比较好,决定此事不再追究",并复信希望他吸取教训,加强组织纪律性的修养和锻炼,争取新的进步。

受这一事件的影响,伍棠棣中断了与中山大学的缘分。1951年的一天,北京师范大学教务长丁浩川约伍棠棣来学校面谈。伍老师还没有开口,眼泪就涌出来了,并大声说:"我错了,我一定改……"丁浩川说:"别哭了。犯了错,改了就好。你们学校的复信呢?"丁浩川接过信仔细看了几遍,伍老师还交给丁一些自己发表的作品,以及华南分局土改工作队队长的一封密封信件。丁浩川拆阅后说:"这是你们工作队党支部介绍你申请入党情况的信,说你一年来努力工作,历经艰险,立了功,受了奖,参加了土改队西江区先进工作者代表大会。"丁浩川给教育系打完电话,转身对伍老师说:"我们学校已经决定你下周一到教育系上班。这信我替你交给系里的党组织。"然而,此后三十余年里,伍老师的入党问题一直未解决,直到1986年中央教育科学研究所党委才正式批准他加入中国共产党。

1955年,伍老师服从组织安排由北京师范大学调往正在筹建的教育行政学院任心理教研室主任。1960年,因教育行政学院停办,他又调入中央教育科学研究所工作。

"文革"开始后,伍棠棣先到北京广安门机床厂作为钳工学徒接受一年的劳动锻炼。在心理学多年被批判的学术逆境中,伍棠棣又与教育部职员一起下放到安徽凤阳的教育部"五七"干校。后来,伍老师又经"五七"干校下放到他的原籍广西。"文革"结束后,伍老师任教于北京师范学院(今首都师范大学)。1982年,伍老师回到中央教育科学研究所,虽已年过六十岁,但研究的志趣和热情却不减。

共同开拓最幸福的事业

1986年至1987年,伍棠棣和胡克英一起被指派参加教育部主办的全国小学教育改革研究班的组建工作,分别负责心理学课和教育学课的讲授,指导学员研究课题,共同主编"小学教育改革研究丛书",一起开拓两人最开心最幸福的事业。这对两位老师来说都是发挥自己专业特长的大好机会,他们克服了各种困难,付出了许多辛劳,收获了丰硕的成果。在一年的时间里,两人都很少离开过研究班所在地昌平。在教学中,从1951年在北师大就开始共事的两位老朋友分别从心理学与教育学的角度探讨教学改革的问题，鼓励学员去研讨。在学习学员优秀教学经验和教学品质的过程中，他们与学员普遍建立了挚友情谊，学员特别高兴，他们更感到幸福。

从一张伍老师讲课的照片上，可以看到他用娟秀字体板书的提纲"一、单一的因果链与多元的因果网络；二、结果、过程与反馈；三、'双基'教学与创造能力的培养"。从内容上似乎看不出是多年以前的讲课提纲，因为他所讲的问题至今不落后。

在心理学课讲授中，伍棠棣着重触及了以下几个问题。1. 主体间性。从心理学方面看，一般来说，主体就是有意识、有目的地进行社会实践活动的人。在教学过程中，学生是学习的主体，教师是指导的主体，两方以教材为中介，进行双边活动，主动地相互了解，相互交流，共同完成教学任务。在教学活动中，应该把主体与主体之间的这种特性运用好，发挥好，发展好。可是，多年来教育理论界流行一种提法，说"学生是主体，教师是主导"，把学生一方与教师一方绝对地对立起来，认为只有学生是主体，教师不能是主体，似乎教师只能是起些指导作用的"机器人"。这显然是不确切的，甚至是有害的。2. 双归类。教师在教学活动中不仅要注意指导学生进行逻辑归类，还要注意指导他们进行情感归类。这一问题很复杂，伍棠棣在多年前曾发表专文讨论过，他希望学员能重视并在这方面创造出新的经验来。3. 三位一体的协同作用。在教学活动中，常常从单方面去注意情感、认知、动机的问题，这是不够的，还应该重视它们的协同作用。总结班级工作的实际经验，可以明显地看到在班级集体的影响下，学生道德品质形成中情感、认知、行动意志的协同作用。这说明了情感、认知、行动意志三位一体的协同作用："动之以情，晓之以理，导之以行，持之以恒。"应该把"群体研究"和"个案研究"结合起来，在更大的范围内、在更高的层次上一步一步扎实地把这个问题的研究推向前进。

伍棠棣和胡克英两人合作的成果分别以《给小学校长工作的建议》（胡克英、伍棠棣主编）、《小学管理改革的研究》（胡克英、伍棠棣主编）、《小学体育卫生保健》（胡克英、伍棠棣主编）三本著作的形式于1988年由教育科学出版社出版。

伍老师还经常回复各地老师慕名写来的求教信。《湖南教育》开辟了专栏《语文教学心理分析》，向伍老师写了约稿信，伍老师随即回信对该刊的工作给予了热情的鼓励和支持。1986年第4期，该专栏刊发了伍老师的回信。信中谈到了开展语文教学心理学研究的意义，并对怎样进行这一研究提出了很好的意见，还透露了一些小学教育研究、教改实验的信息。字里行间充溢着对湖南语文界同志们的拳拳情愫。

2006年后，我几次到伍老师家里，落座后伍老师依然像做讲座一样，滔滔不绝地讲教育的问题和心理学的问题，体现了一位学者严谨的治学态度和虚怀若谷的襟怀。他讲过去教育上怎样蛮干而留下后果，讲当时树起来的所谓教育典型的真实情况，还讲了一些人为了自己的政绩，硬拉包括他在内的教育专家为他们所谓的教育经验背书，也讲了在这种情况下应该怎样巧妙应对保住自己的学人人格，尽可能让教育少受损失。

扎根教学一线做研究

在伍棠棣老师一生的经历中，令人印象最为深刻的是他长期扎根教学一线做研究。

从 20 世纪 60 年代开始，伍老师就到北京师范大学第二附属小学的一年级跟班系统听课三年，在这个过程中他深深体会到研究与教学结合的重要性。他曾说了一个故事——吴树英老师的两个馒头，表明这一重要性。吴老师发现班上有的学生上课时坐立不安，调查后发现有些孩子时常将家长给他们买早点的几分钱弄丢了，因而只好饿着肚皮来上学。于是，她每天早上都带两个馒头来教室，告诉学生谁没吃早饭就可以拿着吃。伍老师得知此事后就问吴老师怎么会想到这一点，吴老师反问伍老师："这不是您教给我的吗？您教我们如何激发学生的学习动机，学生饿着肚子还能有听课学习的动机吗？"伍老师由此进一步意识到教育研究与一线教学相结合的重要性，也对吴老师以爱心和行动遵循教育规律产生由衷的敬意。

1981 年以后的二十多年里，伍老师一直在景山学校长期蹲点，系统听课，参加北京景山学校小学语文教学改革实验研究活动和实验教材的具体编写工作及课堂教学的研究、总结工作，在教材研讨会上多次做报告。周淑溪老师回忆说："1982年伍老师到我校听课，听马淑珍老师的课最多，几乎堂堂不落，很快就进入到教材组，参加教材组的活动。他德高望重，对景山的语文教改实验事业二十六年如一日。"从此，伍老师悉心研究语文教学心理问题，先后对五年制小学语文实验课本进行过五次大的修改。他一直是该教材的顾问，其中前四套教材，他既是编写组成员，又负责审稿。教材组的老师们都说："尤其是第三、四、五套教材，伍老师费了不少心。"当我从伍老师处拿到这些教材翻阅时，看到其中一些课本已显得陈旧甚至破烂，课本中间夹了不少读书卡片和纸条。他在已出版的教材上留下不少他对目录、文字、插图、标点的修改意见，圈圈点点，勾勾画画，叉叉框框，使用过的笔有铅笔、钢笔、圆珠笔，留下了红、蓝、黑各色笔迹。这说明不是一次完成的，而是经过了多次琢磨。其中第四套教材的第七册《赵州桥》一文，修改批阅的文字与课本原文相互镶嵌，字数竟相差无几。在每一套教材的生字表中，伍老师对前后重复的生字也做出标注。无怪乎在第四套教材课文前的一段文字里，景山学校的师生们对他的评价是："1981年以来，他对北京景山学校语文教材的编写、教学改革实验以及教师水平的提高给予了有效的指导，花费了很大的心血。"

景山学校的语文教改实验效果好，收获也大。但伍老师自己认为随着实验一轮一轮发展，需要改正、完善、提高的地方还有很多；认为减轻学生负担，必须重新设计降低要求的作业，进一步完善实验教材，在总结过去几轮实验经验和教训的基础上，订出新一轮的实验方案，选择一些学校作为实验点。

1993年，景山学校迁至新址，语文教材组也在这次搬迁中撤销了，刘曼华老师感到这在感情上对伍老师有较大的伤害，但伍老师没有任何怨言。八年之后学校恢复语文教材组，大家又把伍老师请回来了。令大家感到震惊的是，伍老师精神矍铄，身体十分硬朗，从背后看哪像是八十岁的老人，宛如一个青年人！

2006年我到景山学校语文教材组了解伍老师的情况时，刘曼华老师指着一张办公桌对我说："您就坐伍老师坐的桌子吧！"周淑溪老师伸手接过我的包放在旁边的一把椅子上说："这也是伍老师经常放包的地方。"长期做实地调查的经验使我从这简单的话语中悟出伍老师与景山学校的关系之深刻与密切，无怪乎刘曼华老师用"很深的情结"来形容。

瞄准学生的成长做研究

与一些人做研究将眼睛盯在文字成果发表上不同，伍老师将眼睛盯在学生的成长上，从学生的长远发展着眼，认为研究要有利于、服务于学生的成长。他常对年轻教师说：要天天跟孩子接触，要跟孩子大量接触，然后才能做研究、编教材，这样研究问题才不会只是从上面看下来。

伍老师的学识是渊博的，他常常站在一个理论高度，从较深的层面，从别人没有想到的角度分析问题和发表意见。刘长明老师深切地体会到这一点，并讲了这样一件事："他对一篇篇初选入教材的文章的分析，就足以令人折服。清楚地记得，在讨论十册选文时，大家对陈淼的《滑冰》一文是否入选意见不一。这时老人发表了自己的观点，他细致地分析了课文内容，认真帮我们品味了词句，最后十分明确地提出：'这篇文章所表达的思想意境很高，入选课本对学生会产生极大的教育作用，会教学生如何做人，做一个虚心向别人学习的人！'一席话，使我们眼前豁然亮了。"伍老师不局限于文章分析文章，而是从培养人的角度，从关注孩子发展的角度分析文章，这使教材组的老师们开了眼界。

以学生成长作为研究的最终目标还体现在教材的编辑过程中。从1999年起，教材组在编写教材的同时搞了一个实验班，在这个班里用这套教材教学，看学生怎么学，教师有什么反应。教材组在一线进行实验时，年轻老师上课，伍老师无论风霜雨雪都要亲自赶来参加。伍老师尽一切可能挤出时间到课堂，但他总觉得自己深入课堂不够，是一个遗憾。他特别爱孩子，见到孩子的作业就如获至宝，拿到手后就急不可耐地看，然后分析，再发表意见。他八十多岁的时候还经常和老师们说："你们把学生写的作文、日记拿给我看看。"黄岚老师将一些三年级学生的习作交给伍老师，伍老师不仅仔细地阅读每一篇，而且给每一篇都写了深入、细致、充满人情味的评语，然后发还给学生，学生们看了很高兴；叶晓静老师将一、二年级学生的写话作业拿给伍老师，过了一段时间，伍老师以与孩子对话的方式给每一篇都写了批语，孩子们为能与伍老师在作业中"对话"而感到兴奋，不少家长得知这是一位教育老专家为自己孩子写的评语后，也极为感动。

伍老师瞄准学生的成长并非纯粹出于情感，而是有其理论基础的。他对教材组的人说，教材一定要将人文性与工具性结合起来，集中识字、名篇阅读是伍老师参与编写景山学校语文教材提出的两大重要新举措。当时很多人反对，认为小孩子怎么能读懂名篇，甚至有人上纲上线说这是复古，而伍老师坚持认为孩子能否读懂名篇，关键在于教师。他主张三点理念：第一，语文教学要既教文，又教人，要注重语文的熏陶感染功能，要注重选文的文品；第二，要重视文章的意境；第三，要重视孩子的接受程度，依据其最近发展区安排教学内容。这三点成为景山教材的灵魂，这一灵魂又是安根于孩子的成长与发展上。

凝聚起一个团队做研究

景山学校语文教材组是一个团队，伍老师是这个团队中的长者，团队中的其他老师都将伍老师当作老师，而不是把伍老师当"教授"，因为伍老师的平易近人、朴实使大家忘记了身份差异。宋以平老师说:"伍老师虽然年岁比我们大那么多,但他对小辈特别平易近人,一点没有年龄的阻隔,老有童心,与学生之间没有距离感。"1982年刚到景山学校时,伍老师就在一个教师宿舍里摆上两张小学生的课桌讨论问题,没有一点教授的架子。很多人都能记得伍老师骑着自行车、穿着黄军裤、带着饭盒的样子,不认识他的人还以为他是学校门卫。

在这个团队里,大家有什么说什么,有时为了某一问题争得面红耳赤,但在思想上大家打成一片。叶晓静老师亲切地称伍老师是"可爱的小老头",他让年轻人甚至小孩敢于去亲近,愿意去亲近。

伍老师非常关注这个团队的成长,非常关注教师的成长,他常说教师是教材成功的非常重要的一环,教师不能光教,一定要多读书,一定要参加培训,一定要学习、要做研究、要提高专业素养。为使这些落到实处,伍老师对各位老师实施"条子指导术",发现什么问题就给那位老师写个小纸条,如语感、选材、体例……从大问题到极为细小具体的问题,他都写在条子上交给各位老师。他发现好的文章和资料,就会自己掏腰包复印后给每人送一份。他复印的钱锺书的《通感》,各位老师不仅可以看到原文,还能看到伍老师在原文边上密密麻麻的批注,这说明伍老师并不是随意推荐给大家的,而是经过认真挑选的。这不是谁都可以做得到的。

在这个团队里,照理说应该是年轻人关照他,而每次见面总是他先说出关照年轻人的话。1985年,周淑溪老师的脚骨折,教材组就将会议讨论的地点定在周老师的家中,伍老师也骑着自行车赶很远的路去讨论。如果周老师遇到什么问题,他还专门骑车到周老师家里和她分析,帮她解答。周老师为此感到过意不去。1985年,伍老师与周淑溪老师去湛江开会,六十多岁的伍老师自告奋勇打前站,不料夜间中途转车,下车无人接,人地生疏,他们一起用机智和胆量战胜了困难。

伍老师是团队的顾问,对团队的要求很严格。1985年,教材编写组经过五年的实验,写了一百余篇文章,大家均认为材料不错,准备出书,但伍老师认为理论上没有提升,最终没有同意出书。

刘曼华老师在这个团队中与伍老师共事时间最长,她说伍老师是这个团队的专家、老师、同志、战友、兄长。作为专家,他站得高,看得远,与大家在一起的时间最长。早在1982年形成的教材,伍老师即参与其中。伍老师及时将一些新的理念注入教材当中,例如他曾较早提出教材中要选季羡林的文章,教材的品位得以大大提高。作为老师,他经常给大家讲课、做报告。他给大家系统地教授过教育心理学,每次开全国性的教材会他都给教师做报告,有时他既听课又做报告。作为同志,他和大家志同道合,对这套教材感情深,断不了,有时教材组讨论问题没有通知他,他得悉后会生气。作为战友,教材组在一条战壕里摸爬滚打战胜了数不清的困难。作为兄长,教材组成员之间常就某个问题争论,但从来不隔心。2004年教材组在天津开会,大家考虑到伍老师年龄大,就没有让他参会,伍老师仍不忘让参会的老师转达他对大家的问候。

简言之,虽然伍老师在这个团队中没有任何行政职务,甚至没有任何名义上的头衔,但他所做的一切都不是为了这些。他是大家公认的智者、长者,他给予大家知识、智慧、情感、意志的力量,这一切都只是人与人之间的默契。

用全身心做研究

与伍老师相处过的人无不深深钦佩他对教育研究事业的执着,他经常告诉年轻教师他自己年轻时是如何度过的,"不追求名和利,要真正做一件事"。他信奉这一信念,并身体力行。

和伍老师在一起交流时,他常先夸奖我一句:"你的功底很好,要发挥出来。"然后说哪些研究值得做,哪些研究不值得做;怎样才能找到真问题,怎样就可能会走弯路;在教科所做研究有什么优势,又有哪些局限。有几次他是在医院给我打电话,问我现在做什么研究;还有一次单位离退休的老同志们开展活动,他也不忘到我的办公室坐一坐,聊一聊,让我既感到亲切、鼓舞,又感到担当不起。

刘长明在讲述他第一次见到伍老师的情景时说:"由于他的普通话讲得不太好,所以当时讲的内容我听得不甚明了,但他对教育科研的投入与执着却给我留下了深刻的印象。只记得他讲到激动时，手舞足蹈，不只是坐在台上，而是多次走到老师中间，用眼神和肢体动作与老师亲切交流。记得老师们当时听得非常认真，很多人在做着笔记。那是我第一次看到对教育科研如此热爱的人，我有些震惊。"周淑溪老师也说："我第一次认识伍老师是1981年在庐山会议上，他给我们做报告，第一印象是口音很重，没有听明白，但很生动，用很大的板子做了教具，很有气度。"

伍老师的钻研精神很强，遇到问题他不会轻易找个答案，而是要到图书馆查资料，认真研究后再给以答复。伍老师为此跑了很多图书馆，一直到八十多岁还骑着自行车到处跑。在景山学校教材组期间，他坚持写名为《景山日出》的研究日记，恢复教材组以后他又以《教材的复苏》为名写研究日记，他对景山学校，对景山教材倾注的心血是难以计量的。每一次发言，他都是认真准备的。刘长明说："厚厚的笔记簿上记满了老人的真知灼见，记满了老人的肺腑之言，老人讲话依然是那样的投入，那样的动情，他的话语深深地吸引着组里的每一个人……"

有一次，教材组考虑到伍老师年岁大，便约定一起到他家看望他，顺带谈一谈教材中的问题。一到大院门口，大家都感到有些震惊，伍老师竟然冒着严寒到大院门口来迎接。进了家门，大家才发现伍老师早已准备好了一大堆资料和纸片，原来他已经做好了充分的准备。他将每个人安排到可以记笔记的地方坐下，然后就将多日思考的有关教材修改的问题满怀激情地向大家说开了。原本打算说十五分钟，不料一说就是一个多小时，超过了与饭店约定的吃饭时间。当饭店打电话来催促时，伍老师对着话筒说了一句"我在做报告！"就将电话挂了。原来他没有将这次谈话当成一般的谈话，而是将它当成一次正规的学术报告！

事实上，伍老师并不只是以如此充分的准备来对待这一次谈话，而是以全身心投入的态度对待每一项工作和每一次活动。他常对青年人殷切地说："任重道远"，"要静下心来，多读书，多思考，认认真真搞好教学研究"。

孙秀峰老师说："只有像伍老师这样对事业追求一辈子，这样的人才有可能成为大师。"

九十岁后，伍老师还坚持伏案工作，并且让后辈买了一本英文著作认真研读，别人听说了都很惊奇。

2006年12月25日，伍老师在北京积水潭医院住院期间得悉景山学校的语文实验教材通过了教育部的审查，写了以下文字：

> 我们衷心感谢教育部中小学教材审查委员会审查通过了我们的第五套教材，对教材的特点作了充分的肯定，同时还提出了需要改正的严重错误，需要减轻学生负担，必须重新设计降低要求的作业，要求我们进一步认真完善实验教材，在总结过去几套教材实验经验和教训的基础上，订出新一轮的实验方案，选择一些学校作为实验点，实验班学龄儿童总数初定为不

超过四百万。——我和北京景山学校的领导、教师们一样,心里暖乎乎的。李吉林老师在她的大作中称赞我们对南通师范二附小的情境教学实验情有独钟,好一个情有独钟!从中我也听到她对一位大学心理学老师、中央教育科学研究所的研究人员长期坚持在小学教学改革实验研究的具体活动中学习和工作拍手叫好。我不久就要出院了,身体还好,请领导和同志们放心。在此我请所领导朱小蔓同志和北京景山学校范校长、老贺、刘曼华同志继续支持我参加北京景山学校这个项目新一轮的具体实验研究活动工作和学习。

不认识伍老师的人看了这文字,也许会认为这是年轻力壮的人的请战报告。

伍棠棣现象及思考

几乎每一位与伍老师接触过的人,都在使用激动、奇怪、意外、感动、激励之类的词向我讲述着伍老师的往事。大家往往会思考一个问题:为什么一个教授会花这么多时间来关心、研究一所学校的语文教学?不少人得出的结论是一致的,这是一种研究风格,一种工作视野,一种人格。

参加完伍老师的遗体告别仪式,不能不说感慨了。积水潭医院狭小的遗体告别室里,除了他的子女以外,仅有中国教育科学研究院相关处室的工作人员、一位曾经与伍老师共过事的退休教师和我四人,总感觉伍老师的离去有些被冷落了!我在回来的路上问:为什么景山学校没有一个人来?但反过来一想,若按照伍老师的风格,为什么景山学校应该有人来呢?

由于一时找不到一个合适的名词,这里就称之为伍棠棣现象吧。这一现象的特征可归结为以下几点。

一是坚持完全不计名利的研究。景山学校实验教材的编写工作一开始是不署名的,谈不上名;后来才开始署名,但与所付出的辛劳和所承担的责任相比,这个名真是来之不易。至于利,除了1999年至2002年景山学校给伍老师发了少许补助以外,在其余的二十多年里,伍老师从未因参与研究而拿到一分钱。刘曼华老师一直心怀愧疚的是,1985年他们所编的教材在东城区评比中获奖,拿了些奖金,每位教师分了三块七角五分钱,由于当时以为伍老师的编制不在景山学校,压根就没有想到伍老师,也就没有给他这份钱。令人敬佩的是,伍老师从未因没有拿到报酬而停止他的研究工作,而放弃与景山学校的合作,他关注的是对问题的探究和学生的成长。

二是坚持高标准严要求的研究。有人问伍老师为什么几十年不写文章。他说潘菽老师曾讲过两点:一不要自己抄自己,抄别人的不对,抄自己的也不对,要有发展的时候才能写文章;二不要到学校里去找个别的例子写文章,不要把老师的成果当成自己的成果写进自己的文章里。他对教材组的要求也很严格,对于研究他追求的是草根、原创、完美，标准很高。

三是坚持遵循学术自由、平等探索的研究。大家在一起讨论问题时争得面红耳赤，不分老一代还是年轻一代，但并不会因此损伤友情。刘曼华老师说，形成这样一种研究风格与伍老师有很大的关系，他是这个团队中的专家，但从不以势压人，他认为大家都是研究者、探究者。

伍老师坚持理论联系实际，在研究上坚持自己的观点，这代表了一种教育研究的方向，但他在这条路上走得很孤独。他有很多优秀学术资源没有转化为公开发表和出版的成果，面临失传。

我曾想从伍老师那里多学一点，伍老师也乐意传授，可总是遇到时间、任务等这样那样的阻拦。我曾把他做过修改的几套教材搬到家里，并整个浏览过一遍，想以此为依据做些深入的分析。无奈两年多来，越来越静不下心，排不上日程，加上伍老师隔三岔五去医院，我很担心这些本属于他的墨迹最后遗憾地留在我身边。正是由于这些原因，我没有向他说出想整理他的研究日记的想法，现在这些遗憾已经没法弥补了。

为何专业水平比较高的伍老师积累起来的学术资源未能被更多的青年人传承下来呢？深入思考，会发现这不是一个小而具体的问题，而是一个教育研究管理与评价体制的大问题。

学人小传

伍棠棣（1921—2015），广西平乐人。中央教育科学研究所研究员。1941年参加抗日活动，抗战胜利后参加华南分局土地改革工作队。1951年离开中山大学到北京师范大学工作。1955年受组织安排调往正在筹建的教育行政学院任心理教研室主任。1960年因教育行政学院停办调入中央教育科学研究所工作。"文革"开始后，先到北京广安门机床厂当钳工学徒一年，后与教育部职员一起下放到安徽凤阳的教育部"五七"干校，又经"五七"干校下放到原籍广西。"文革"结束后，任教于北京师范学院（今首都师范大学）。1982年回到中央教育科学研究所，在景山学校长期试点开展语文教学研究，为该校语文教材编研者。共同主编有高校教材《心理学》、"小学教育改革研究丛书"等。

（本文写作过程中，除多次拜访过伍棠棣老师以外，北京景山学校的刘曼华、周淑溪、刘长明、孙秀峰、宋以平、黄岚、叶晓静老师提供了与伍老师在一起工作时的口述资料。本文原载《中国教育科学》2016年第2期，原题为《研究的目光盯在孩子成长上》，收入本书时有增改）

宋恩荣：探明中国近代教育原貌

几次参加国际学术交流，当我介绍自己的工作单位是中国教育科学研究院（原中央教育科学研究所）时，对方都会问："认识宋恩荣老师吗？"

怎能不认识呢？1988年7月我到北京参加《陶行知全集》（川教版）编辑工作，经常在中央教育科学研究所办公楼和图书馆里遇到一位中年人，他就是宋恩荣。因为他当时做晏阳初研究，加上陶行知与晏阳初的特殊关系，所以我们逐渐熟悉起来。2004年后，我跟宋老师在业务上的交

本书作者（左）看望宋恩荣先生

往更多了,我主编"20世纪中国教育家画传"丛书,他作为国内研究晏阳初的权威专家,十分乐意地参与编写了《晏阳初画传》。

征　程

1937年7月7日,日军入侵华北,宋恩荣出生在山西省太原府(今太原市)杏花岭附近的博爱医院。其父是一名古董商,仗义疏财、乐善好施,不少人在他的资助下求学、立业或参加革命。随着娘子关战役的失利,太原市民纷纷出走逃难,襁褓中的宋恩荣不得不由母亲带回到祖籍平遥县城。

1944年,宋恩荣随母亲重回太原,在西羊市小学插班上三年级。抗战胜利后,他转学到条件较好的校尉营小学就读,直至毕业。该校校长是北平女子师范大学毕业的杨邦媛女士。父亲期望儿子从小懂得一点经营之道,所以安排上小学的宋恩荣卖报、卖香烟。于是,每天中午,宋恩荣都会批发一百张当日报纸,一路叫卖,一般半小时卖完。但后来的经历证明,宋恩荣一辈子没有经济头脑,常常吃亏上当。

1951年,宋恩荣以第二名的成绩考入太原成成中学。成成中学创建于1924年9月,曾以"自力勤俭、师资雄厚、管理严格、教学精良"蜚声三晋。

1957年,大学减少招生人数,录取率仅为百分之四十二,成为1961年前中国高等学校招生录取率最低的年份。

宋恩荣恰恰参加了这年的高考,更糟糕的是,考试时他突发急病,高烧四十多度,但因备考充分,并未感到太大难度,被天津师范学院中文系录取。

此时的宋家因父亲遭受不白之冤,家境衰落。宋恩荣上学的火车票钱一直没着落,母亲不得不在家中翻出一副当年从日本人手里收购的军用望远镜,换回二十块钱,才解了燃眉之急。宋恩荣凭着这张来之不易的车票踏上了人生新征程。

大学期间,宋恩荣决心好好学习,希望将来有一番作为。不幸的是,从1957年进校到1961年毕业,政治风潮此起彼伏,正常的教学秩序难以维持,学校名称也由天津师范学院"跃进"为"天津师范大学"(与现在的天津师范大学无关),后再改为"河北大学",校址几度搬迁。

不过,顾随先生等一批年资较高的老讲师、老教授的课程,还是让宋恩荣受益匪浅,他自己也广泛涉猎了各种中外名著。毕业时,他被分配到天津市计划委员会,但因希望能去考研究生,"难以安心本职",被重新分配到天津市红桥区教育局所属的一所中学教书。

1980年12月,在中学教学岗位工作十九年后,宋恩荣手持一张北京市崇文区教育局调令,到设在教育部大院红星楼二楼的中央教育科学研究所人事处报到,实现了多年的愿望,走上了心仪的研究之路。

探　索

到中央教育科学研究所工作后，宋恩荣被分配到教育史研究室，当时研究室的主要研究方向是"新中国教育"，编撰新中国教育大事记。起初，宋恩荣只是干一些临时被抓差的事情，其中包括搜集、整理、编辑《陶行知教育文集》《杨贤江教育文集》等。

经过一段时间，已过不惑之年的宋恩荣逐渐找到了自己感兴趣的研究方向。他先在位于和平门的图书馆翻阅馆藏资料，达半年之久，随后开始有计划地走访北京等地健在的民国时期教育文化界名人，前后历时约两年。

彼时，中国社科院近代史研究所正在开展民国大事记和民国人物传的项目，宋恩荣多次前去了解情况，也与更多学者有了密切交往。不久，教育史研究室又安排宋恩荣去中国人民大学清史研究所举办的"中青年清史研究班"进修。他的学术视野逐渐开阔，研究方向渐渐明晰，觉得"民国教育史"是一个很有开发价值且大有作为的研究领域。

后经所、室两级领导同意，宋恩荣开始试着做一些口述史方面的工作。他首先对梁漱溟先生进行了访问，接着访问了刚刚从台湾返回大陆的范寿康先生，还先后登门拜访了当时健在的诸多文化教育界名家，其中包括叶圣陶、夏衍、阳翰笙、周谷城、雷洁琼、胡絜青、陈鹤琴、楼适夷、高尔松、罗炳之（廷光）、李景汉、李一氓、吴亮平、廖体仁、吴觉农、曹刍、潘念之、常书鸿、陈志潜、堵述初、袁伯樵、李世材、魏永清、任宝祥等。

因为多是与文坛巨擘或学界耆宿"面对面"，所以这些"抢救性"的访谈为宋恩荣后来的研究工作提供了从感性认识到理性思考的基础。经过反复的思想斗争，宋恩荣决定聚焦目标，勇敢闯进当时尚属"禁区"的梁漱溟与晏阳初研究。

当时，有一件事引起了教育部领导的注意，即台湾大学图书馆馆长范寿康教授从台湾返回大陆定居后，立即受到邓小平同志的接见。范寿康来京不到一周，宋恩荣就去其住所木樨地进行了访问，并征得同意，答应为他选编一本《范寿康教育文集》。

这件事宋恩荣没有向单位领导请示，打算私下挤出时间自己做。由于时间没有保证，进度较慢，范寿康的儿子、哲学家范岱年与宋恩荣见面时询问进展情况。得知宋恩荣没有时间保障，范岱年就向范寿康的学生李锐反映，希望中央教科所能为宋恩荣做这件事"开绿灯"。

李锐知道后十分重视，随即写信给时任教育部部长的何东昌，希望中央教科所为宋恩荣创造条件，抓紧时间完成《范寿康教育文集》一书的选编工作。正是通过此事，中央教科所不再严格督查宋恩荣从事民国教育人物的研究了，这无形中为他研究梁漱溟和晏阳初打开了一扇窗。

经过深入研究，宋恩荣认定梁漱溟是一位致力于弘扬中国传统文化的爱国学人,是一位卓越睿智的思想家;晏阳初是一位具有世界影响的致力于社会改革运动的教育家。当时,这样的认识大有冒犯之嫌。

从1984年3月起,宋恩荣前后访问梁漱溟七八次,并与他的两个儿子建立密切联系。他至今仍记得梁漱溟的观点,"完成社会改造的工程即教育"。梁漱溟在山东邹平的乡村建设实验就是充分调动了教育力量,以推动社会的礼俗改革、生产改进、县政改革。应该指出的是,20世纪二三十年代,在那样一个政治混乱、阶级压迫深重、国家主权得不到保障的社会格局下,企图以教育的力量从根本上改造中国,只是一种一厢情愿的理想化构想。

但是,任何人都无法否认,梁漱溟确实是中国现代史上一个具有真情实感的爱国思想家。他一生从事人类基本问题的思考,而且从来不唯上、不唯书、不唯典。在任何环境下,他都秉持着自己独立的人格和见解。

从历史实际出发研究梁漱溟这样的思想家、教育家是学术界的一项艰巨任务。在梁漱溟的支持下,宋恩荣选编的《梁漱溟教育文集》(包括《梁漱溟著作年谱》)于1987年出版。

梁漱溟晚年曾亲笔题写"廓然大公,物来顺应"的条幅送给宋恩荣。他在《梁漱溟教育文集》的"著者序言"中写道:"世人以学者看待我,非我所愿接受。如其看我是自有其思想的人,而且是一生总本着自己的思想识见而积极行动的人,那便最好不过了。如我在《人心与人生》中曾说明，唯圣人为能践形尽性。我一向意气承当，一生行事疵累多矣。自以为矫然不群，俯仰无愧，是病痛所在。"这些处世格言与自我评价为全面认识梁漱溟提供了最有价值的参考。

1985年9月，晏阳初应时任全国人大常委会副委员长周谷城的邀请回国访问，引起了社会广泛关注。全国人大教科文卫委员会负责人建议宋恩荣对晏阳初做系统全面研究。

于是，宋恩荣将以晏阳初与梁漱溟为中心的"（20世纪）二三十年代的平民教育与乡村建设运动"的研究提上日程，并直接与晏阳初书信来往，征集史料。

1987年7月，晏阳初第二次回国，宋恩荣于7月6日与他第一次见面，并陪同年过九旬的他登门拜访梁漱溟。有着七十年交谊的两位世纪老人，跨越时空又相聚在一起，他们长时间紧握双手，促膝交流，抒发感慨。

更让宋恩荣感动的是，自己所做的研究有了价值：他们都是中西文化既相冲突又相融合的产儿；他们都是在中国现代史上具有重要影响的思想家、实践家、教育家；他们在教育思想与教育实验方面所做出的贡献都早已超越了国界；他们毕生为之奋斗的一个共同目标都是救亡图存，振兴民族，为中华民族的强盛而奋斗不息。

1988年4月，宋恩荣随全国人大教科文卫委员会组织的代表团出访菲律宾。在参加马尼拉西朗国际乡村改造学院的学术讨论会时，他与晏阳初再次见面。晏阳初特别强调,"一般意义上的教育概念,不足以概括我的思想事业",意在强调其毕生所从事的平民教育与乡村改造运动是将教育与文艺、生产、健康、自治这四大任务连锁推进,以培养平民的知识力、生产力、健康力、团结力,以期全面提高农民的生活质量。

在这次会见中,晏阳初深情地表示:"你们的到来,反映了邓小平先生领导中国走向改革开放的魄力,也为国际乡村改造学院开创了与共产党领导的社会主义国家交流与合作的先例。多年来,母国故人时在念中,'举头望明月,低头思故乡',我希望能在有生之年为祖国的建设事业力尽自己的绵薄之力!"

1990年,在收到宋恩荣主编的《晏阳初全集》第一卷后不久,晏阳初就走完了他漫长而曲折的人生历程。2013年12月,宋恩荣主编的新版《晏阳初全集》(四卷本)由天津教育出版社出版,收入晏阳初从1919年至1989年的文论、演讲稿二百二十篇,书信五百三十一件,共计二百二十四万余字,向社会呈现了这位杰出教育家和乡村建设倡导者的宝贵思想资源。

创　新

20世纪80年代末,从对晏阳初和梁漱溟的研究中,宋恩荣发现,中国近现代,特别是民国时期,教育界名家辈出,思想丰富,于是便在北京邀集部分教育史专家召开过两次论证会。会上，北京师范大学的王炳照、郭齐家、蔡振生，北京大学的曲士培，杭州大学的田正平，华东师范大学的金林祥等专家，经过认真讨论，肯定了这一领域研究的必要性与可能性。最后确定由宋恩荣牵头任主编，聘请田正平、蔡振生为副主编，向全国教育科学规划领导小组办公室提出课题申报。经审议批准，课题立项为"八五"期间部委级的重点课题，选聘各院校与研究机构的三十多位老中青专家共同完成。

这一课题研究成果由辽宁教育出版社于1992年至1996年以"中国近现代教育家系列研究"丛书的形式陆续出版，其中包括二十三位教育家的二十二本学术专著，历史学家戴逸先生为丛书撰写了总序。

2004年秋，全国教育科学规划领导小组办公室组织德育学科组、教育史学科组专家在山东师范大学开会，研究"十一五"教育科学研究规划课题指南。组长江铭鼓励大家开阔思路，争取设想出一些有开拓性价值的创新型课题。宋恩荣当时想到了两个新主题：一是地方教育史志研究，二是日本侵华教育史研究。此后，他几乎把所有精力都投入这两个研究方向之中。

宋恩荣提出，依托中国地方教育史志研究会开展地方教育史研究，这一建议得到周玉良和汤世雄两位会长的全力支持。会上各位专家一致通过立项，委托宋恩荣起草了项目的研究方案和具体操作计划。

研究方案指出："地方教育史研究，需对中国教育史的总体发展脉络有宏观上总体的把握。在此基础上尽可能充分地展现出各地区教育发展的历史全过程和历史特点、地域特色。中国地方教育史研究,是对中国教育史研究的充实与加强,而不是对中国教育史研究的简单诠释或地区性缩微。其研究的对象、范畴与方法,与中国教育史研究相比,既有相同之处,又有相异之处。它既要有教育发展的一般规律与共性,更要揭示地方教育发展的特殊性与个性。在这个意义上讲,地方特色是地方教育史的生命。"

紧紧抓住"地方"二字,是这一研究的关键。研究教育现象和教育问题的空间与时间组合,包括学派与学术思想的地域性分布,如先秦时期儒、墨学派以鲁国为中心,而儒家传播于晋、卫、齐,墨家则向楚、秦发展。道家源于楚、陈、宋而流入齐,法家始自三晋等。北宋、南宋时期的关学、洛学、濂学、闽学、婺学、陆学、湖湘学等都呈现出地域性特点。

由于论证充分,这项课题在学科组的招标中顺利中标。总课题组主编由周玉良担任,副主编为汤世雄、宋恩荣。与各地教育行政机构的联络工作由周玉良、汤世雄两人负责,学术研究的具体操作问题及有关事宜由宋恩荣负责。最终完成子课题的有北京市、天津市、辽宁省、黑龙江省、河北省、山西省、江苏省、贵州省、河南省、山东省等二十四个省、市、地区,出版了"中国地方教育史研究"成果《北京教育史》《重庆教育史》等十八种。

责 任

1992年8月,"(伪)满洲国教育研讨会"在日本东京东海大学校友会馆召开,日方有海老原、斋藤秋男、阿部洋、槻木瑞生、小泽有作、室俊司、荫山雅博、度部宗助、宫胁弘幸、佐藤尚子、佐也通夫等学者参会,中方参会的除宋恩荣外,还有东北三省的教科所所长以及旅日学者王智新。

宋恩荣被安排第一个上台宣读论文。不料,一位名叫玉井秀夫的日本与会者站起来十分激动地说:"我反对宋先生的发言。当年我们在(伪)满洲办学校,就没有实行过'勤劳奉仕',没有进行任何奴化教育。"宋恩荣答辩说:"你们自己所办学校的情况我们不清楚,但可以去看日本天皇颁发的'教育敕语'所表达的奴化主旨。伪满时期日本强力推行殖民教育的有关档案文献可查,并有当年深受奴化教育的健在者可以作证。"

随后,宋恩荣列举种种事实加以反驳,玉井秀夫情绪更加激动,企图冲上讲台进行强行辩论,被主持人制止。会上,中日双方与会者相继宣读论文,虽然日方对侵华期间的教育持揭露批判态度的学者居多数,但依然争议迭起。

宋恩荣曾前后五次赴日参加学术交流,接触了日方众多派别的民间人士,共同回顾反思那段历史。其中,一些具有正义感的日本人士的认识态度令他感动,年近八旬的涩谷忠男(日本地域教育研究会会长)三次专程驾车带宋恩荣到京都地区丹后半岛的竹野郡间人町，访问年近九旬的东史郎。

东史郎作为一名士兵，1937年12月参与日军南京大屠杀。战后五十年来，经过痛苦反思，他公布了自己当年的《军中日记》，揭露历史真相，为此遭到日本右翼势力的控告、威胁与攻击。1996年4月与1998年12月，东京地方法院、东京高等法院先后两次判处东史郎败诉。

东史郎在家中热情接待了宋恩荣，介绍了案子的审判过程，以及"二战"时期日本军中对士兵进行军国主义教育的情况。东史郎表示，"为了公理与正义，我还要把官司打下去，即使倾家荡产也在所不辞!"他提笔书赠宋恩荣："为了中日友好，我要继续控告，揭露日本侵华战争的真相，促使日本认真反省自己的侵略行为。——东史郎"。

上述经历让宋恩荣深深领悟到，参与对日本侵华战争与奴化教育的历史研究，中国最高教育研究机构责无旁贷。1992年日本东海大学举办"(伪)满洲国国际会议"时，日中两国学者就协商约定开展"日中共同研究"，议定双方各自依托"日本殖民地教育研究会"与中国地方教育史志研究会开展工作，中方有东北师范大学、华中师范大学、中国第二历史档案馆等五家单位的十多位研究者参与。前后历时二十多年，由宋恩荣、余子侠主编的四卷本《日本侵华教育全史》和四卷本《日本侵华殖民教育史料》于2005年和2016年先后由人民教育出版社出版，引起中日两国学界的广泛关注与好评。日方更是从人民教育出版社购买了《日本侵华教育全史》四卷本版权,翻译成日文,于2016年在东京明石书店以"经典中国国际出版工程"名义出版。

1996年7月4日,《朝日新闻》刊发了"日中两国关于协力研究侵华教育史"的新闻,介绍了由宋恩荣主持的这项研究。宋恩荣共出版了二十多部相关研究著作,取得了社会公认的学术成就。

1997年7月,宋恩荣过上"退而未休"的生活,他先后发起或参与各种层次的重点研究项目。因为总觉得自己做科研起步较晚,中年才实现夙愿,所以他特别珍视科研机会,常提醒自己必须比别人更加努力。

"我是把别人喝咖啡的工夫都用在工作上了",宋恩荣几十年如一日,经年累月无休,且一贯兴趣盎然,甚至不能自拔,是一个典型的"工作狂"。他先后做过六次心脏手术,但精神状态一直良好,研究工作也坚持进行。检索他历年的研究成果,竟有百余项,据不完全统计,总字数约三千六百万字以上,其中学术论文与学术专著约一百一十万字,一般文论一百余篇约八十万字,编撰各类文献资料约三千万字,搜集、整理图片约两千幅。

宋恩荣的研究方法是资料先行,亲力亲为,不照搬照抄别人的现成资料。他主张做通史或专题史必须先从大事记入手;做人物传记类必须先从年谱入手,而且一定要认认真真、一丝不苟。研究历史,基础性功夫要下足,不能只满足于应付一般的咨询业务。

宋恩荣始终怀着谦虚的心态，随时向年长的、年轻的，行内的、行外的人们学习，努力再努力，从不懈怠。他要求自己在研究中坚持说真话、说实话，不趋炎附势。

宋恩荣所要做的是通过研究还原历史原貌，他坚持史料是历史研究的出发点和基础，信服"史料学即历史学"，史学的首要工作是发掘史料与整理史料。对于那种为达到某种需要，而不惜凭空捏造，为自己一方树碑立传，甚至罗列"莫须有"罪名强加于人的恶劣行径，他深恶痛绝。

宋恩荣坚信，整理出详尽可靠的历史资料供给社会研究者，才有可能促进信史佳作的产出。对于耐不住寂寞与清贫，急功近利，只满足于空泛的大而无当、大而化之的夸夸其谈，他表示不屑。他崇尚在学术研究中独立思考，认为没有独立思考的人，充其量只是一个装点门面的花瓶，没有丝毫存在的价值。

2023年1月4日我午睡中，侄子打电话说九十二岁高龄的爷爷染上新冠突然走了。当晚我一家三口从北京赶回岳西家中，原打算按乡俗过了头七再回京，不料1月9日早上起来看到有人在微信里发的宋老师7日走了的噩耗。当时我因不能赶回北京向宋老师告别而愧疚，便向师母马文英发了短信："马老师，得知宋老师走了，我因父亲走了尚未到头七，尚在安徽家里，无法到现场与宋老师告别了，深感遗憾！我与宋老师三十多年的缘分，深感悲痛！请您和全家节哀，保重！"我在几个群里转发了《光明日报》2020年3月9日第15版全版刊出的我写宋老师的文章，日本、美国、加拿大等国学者都以各种方式向宋老师致哀,并对宋老师做出高度评价:"宋先生对于中国近现代教育的研究,做出过有真正意义的不朽贡献!是一名真正的学者!"

宋老师是"20世纪中国教育家画传"这套丛书作者中继黄延复先生而离去的第二位。《张伯苓画传》作者、曾任南开大学校史研究室主任的梁吉生于美国休斯敦写了一首诗敬悼宋老师:"万里讣音宋恩荣,八秩晋六一学翁。一生

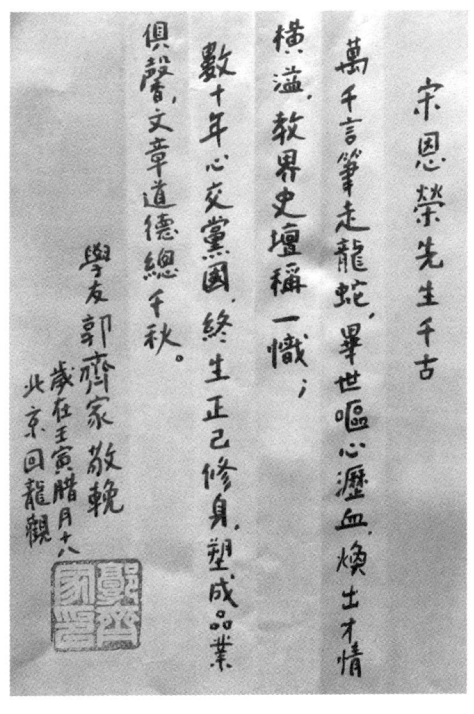

郭齐家先生挽宋恩荣先生联

躬耕教育史，著作等身享盛名。南开园里忆旧游，纪念碑前留倩影。山水遥隔音影在，一纸尺素在心中。"我的导师郭齐家先生也为宋老师写了挽联。

令人遗憾的是，由于某些原因，宋老师的告别仪式未能举行，我从安徽回京后得到这一消息，内心更加沉痛！

学人小传

宋恩荣（1937—2023），山西太原人，祖籍山西平遥。中央教育科学研究所研究员，教育史学家。在中国近现代教育史中的教育人物、日本侵华教育史、地方教育史志领域做出了开拓性研究。1961年毕业于河北大学，1980年调入中央教育科学研究所，先后任中央教育科学研究所教育史研究室主任、学术委员会常务委员，全国教育科学第一、二、三届规划领导小组教育史学科评议组成员，国家新闻出版总署第六届国家图书奖和第二、三届全国教育图书奖评选委员会委员，中国地方教育史志研究会副会长兼学术交流委员会理事长，中国教育学会理事，杨贤江教育思想研究会理事长，中国东方文化研究会台湾文化研究分会副会长，日本广岛大学教育学部客座研究员。主要著作有《晏阳初画传》《梁漱溟年谱》，主编《晏阳初全集》《日本侵华教育全史》，以及"中国近现代教育家系列研究"丛书和"中国地方教育史研究"丛书等。

（原载《光明日报》2020年3月9日，收入本书时有增改）

良师的细节

良师是由一个个细节表现出来的,一个人是不是良师也需要通过一个个细节检验。这里就自己记忆所及,将一些可以显现出良师的真人真事不加任何修饰地记述下来。

一

我人生记忆中的第一所学校是在西水储德杏家堂屋里。学校仅有一位老师储梧岗,用房东家的一间房当住房兼办公室,吃饭则在周坳、西水、关口、花屋四个生产队有孩子上学的家庭轮流吃,上课或集合时由老师吹口哨。当时我不是上学,而是1958年出生的大姐带着我去上学,时间在1966年到1968年之间,大姐在那里上到三年级就辍学了。1969年后,几个生产队出工出力在上湾建了一间大教室加一间教师住房兼办公室,后面带个披屋做厨房,建房子的场景与我后来在各种文献上看到的乡村教师描述的场景基本相似。我自1970年在上湾这所小学上学,一年级读了两年,读到二年级,总共在这里读了三年。这期间公办教师仍旧是储梧岗,后来由于学生人数增加,学校又在上湾的储凤朝家堂屋里开了一个班,请了一位民办教师,都是复式教学。

我对储梧岗老师印象深刻。上湾新建的学校在三面环山的山坳里，山上还有种了庄稼和蔬菜的旱地。每逢下暴雨的时候，洪水裹着泥沙从三面冲下来，无法从靠学校门前的一条小河流出，恰好就滞留在平坦的屋基周围。有时我们正在上课，看到积水冲进教室里，梧岗老师就放下课本，让我们读书，自己拿把铁锹冒雨到外面挖沟排水。曾有一段时间，我们早上到校前和晚上放学后，都看到梧岗老师满身泥土地在修三面的排水沟。但一下大雨，旱地里的泥土冲下来又淤塞满了，需要再次清理，一年需要反复清理多次。几次夜间下暴雨，雷声、暴雨声、水流声交汇震荡，整栋房子都在颤抖。由于怕房子被水冲垮，梧岗老师便穿上衣服在屋檐下靠在椅背上坐等天明。

上湾的校舍建起后，有个小厨房，梧岗老师自己做饭，让学生家长轮流带些地里种的菜。那时，每逢杀猪、过节，有的家庭会喊老师到家里吃饭。有一次，一个学生喊梧岗老师去吃晚饭，他锁上所有门窗后就出门了。回到学校，天色昏暗，他发现做厨房用的那间披屋的窗户开了，还有一个圆形的影子在窗台上，首先想到的是学校里最调皮的学生Y趴在窗台上吓唬自己。梧岗老师就喊他的名字，问他怎么这么晚还不回家。梧岗老师反复叫了多次，还说了一堆劝说的话，那个影子却一动也不动。

十多分钟后，梧岗老师回到前面住房兼办公室的那间屋子，点燃煤油灯再去仔细看，原来窗台上是自己用的夜壶。他一晚上没睡着觉,谁能在门窗锁好的情况下进来把放在床下的夜壶拿到厨房的窗台上?事后反复查证,确实是那个最调皮的学生Y干的,他就是对老师的管教不满想吓唬老师。那天他看到老师锁门走了,就从大门下面的缝隙钻了进去,进去后发现那个门往里推才有的缝隙能进不能出,便想到打开厨房的窗户从那里出来。他原本想在老师回来的时候大声喊叫吓唬老师,可是等的时间长了没有耐心,就在屋里转悠想办法,最后将夜壶放在厨房锅台上,自己从窗户跳出后再伸手将它放在锅台旁边的窗台上。

由于这件事,独自在乡村任教的梧岗老师此后胆子更小了。直到我大学毕业后工作多年,大约在1990年前后,他才从另一乡村的徐龙小学退休。他家在莲云双储村,离我的小学三十多里,那里的储家老屋是一百多年前我们家的祖居地。在他退休后,我去看望过他一次,他十分客气地要我一定留在他家吃饭,这也是我们最后一次见面。

之所以讲这段,是因为我在对两千个左右的县进行调查,试图寻找到振兴学校的方案,反观却可以从他身上得到启示。

二

1973年,我读三年级后进入秋千小学本部,那里有储西常老师和两位民办教师。西常老师擅长画时事漫画,当时正值"批林批孔",广播报纸上一有什么动向他就能用漫画的形式表现出来，在整张的白纸上画出各种惟妙惟肖的漫画，一连串地挂在学校周边和村民家的墙上。每次下课时，他的办公室就挤满了人，都是围观他画画的。我时常钻进去看，虽然不懂多少，也不会画，但这些漫画以喜闻乐见的方式向我展示了未知的社会与世界。

当时校舍边正在修公路，中午他常带三五个学生到工地上转悠。由于我家离学校较远，我带点饭中午在学校边上一住户家热着吃，吃完就可以跟着西常老师走走。记得他披着一件长大衣，联想到他画的漫画中有孔子带着学生周游列国的内容，我们几个同学就不由自主地牵着他的袖子或衣角。我们也在这种课堂之外的活动中有了更多的了解。几十年后，我们很难想起他在课堂上讲了什么，但在课堂外的交往却历历在目，看来良师需要在课堂之外的学生活动与交往中花功夫。

2022年7月15日，我回家乡岳西陪老父亲过九十一周岁生日，想到多年未曾见到西常老师，便邀他、储德启老师以及其他老师和同学于7月15日晚在西水山庄小聚。见面一聊才知他1943年生，按中国的乡俗正好是八十大寿。他还能记得1985年左右他咽喉得病时我给他邮寄药的事。那前后我还专门到中关中学看他，当时他只能发出极轻微的声音，这对教师来说是极为痛苦的事，学校只得安排他负责总务。多年后他却能正常发声，真是万幸！

癸卯年正月初一，西常老师的儿子储一鸣教授给我发来一张图片说"老爷子给您作诗了"。

2023年春节储西常老师写诗赠本书作者

诗文如下：

赠昭晖诗二首

（一）

暧暧祥光照，西水瑞气生。

缘来喜相会，翻疑是梦中。

举杯望明月，倾情在酒中。

携手逢君别，热泪湿衣襟。

（二）

故园望断欲何如？衡水京城万里余。

新年新岁吾祝福，甲子翻腾属昭晖。

愚师储西常作书于2023年春节

其中，"喜相会"是指2022年7月15日晚，我在西水山庄宴请储西常、储德启等老师和同学。

这更让我感到师生关系是终生的，不只是在学校那段时间。

三

1975年，我读五年级。学校在关口与刘湾这个全大队居中的位置整体重建了新的四合院校舍，共四个教学班，撤销了村内教学点并合并到一起。学校有五位教师，校长为储淡如，兼任我们五年级的语文老师。储淡如校长讲课常常不讲课本上的课文，我们这些临近毕业的学生一课课数着，希望他能讲完。直到学期结束，他还有很多课没有讲，但是他讲的课却展开讲了不少课本上没有的内容。他的理论水平是当时县内小学教师中较高的，我小学毕业后不久，他就调入岳西县党史办公室，一直工作到退休。学校一个学期要安排几次他在全校的讲话，他从不带讲稿，可以在"评水浒，批宋江"等话题上讲得头头是道。

受他的影响，在四五年级的时候我们就组织了一个在村工作队下面的批判组,七八个在这方面有兴趣且有写作能力的同学参加。我们每星期组织一次讨论,有时讨论到半夜才打着葵花秸秆的火把回到家中,前后在村部和学校出了两期批判专栏。当时这样做完全是跟随政治形势,可每次我们的讨论都是认真的。有一次讨论过了夜里12点,淡如老师被同学们的争论声吵醒,他直接到教室里把煤油灯吹灭,严厉地说了声:"都给我回家睡觉!"我们时常为一个问题争论不休,并从书报中找证据,这样引发了我的大量阅读。

我大学毕业到安徽省陶行知纪念馆工作后,储淡如老师到歙县对岳西的流散红军情况做调查,专门到陶行知纪念馆找我。我回岳西也曾到他家看望他,他给我提供当时他所能收集到的岳西县党史资料,我们一起讨论,并写出《平民教育与皖西农民运动的兴起》一文发表于《教育史研究》1990年第3期。他提供的党史资料则对我开展相关研究有独特的帮助。

从淡如老师身上可以看出,良师不能将自己和学生捆在课本上,而是需要共同讨论,共同成长。

四

由于特殊的历史原因,我1979年在比较落后的山区考入当时刚刚办重点班的岳西中学上高中,任课教师有不少毕业于暨南大学、华东师范大学等全国知名高校。当时我们并没有感到各位老师之间有什么差异，四十年后，当我的众多同学与世界各地的人交往后，才感觉不一样。其中有位去英国的同学说，英国大学教授十分惊奇他怎么能说那么地道的英语，原因就在于他高中遇上了一位优秀的英语专业教师。

那时生物课不计入高考总分，不少同学都打算在上完第一次可能要点名的课后逃课。可是教生物的方步青老师从不点名，而且他讲课生动形象，语言、表情、肢体动作都恰如其分。我们每次都感到生物课比其他课短，不仅一直没有学生逃课，还有不少同学在宿舍和操场上不断复述他讲课的片段。可惜一年后换了另一位老师上课，同学们才真切感到两者对比明显。原来课讲得那么好的方步青老师却不是岳西中学的正式老师，而是学校当时找不到生物教师才聘请家住响肠的他来代课的。待我1985年在徽州工作后，查阅徽州地区教育史资料才知道，1956年他就在当时办得较好的休宁中学被评为全省优秀教师，后来的运动让他的优秀无处发挥。我却有幸听了他三十多节课，印象深刻，终生难忘。

五

1984年，我们成立了徽州师专教育科学研究协会。这个协会是我和一些志趣相投的同学自发组织起来的。我于1985年毕业后，这个协会在钱靠成同学的主持下仍开展了不少工作。同学们编了一本论文集，却没钱付这本集子的一百余元工本费。他们向学校财务部门申请，财务部门认为没有这笔可以用于学生活动的经费支出。当时徽州师专校长叶光立先生知道这个情况后，二话不说，不顾五十出头的年纪，立刻冒雨骑自行车到屯溪城里的银行去取钱，解决了工本费的问题。这一"以人教人"的举动对协会的所有成员都是很有效力的教育。叶校长曾在北京某科技部门工作，科班出身，不善言表，在某次运动中遇到挫折后回到家乡的徽州师专任教。1998年，有一天，他到我上班的陶行知纪念馆找程仁灏老师，我恰好看到他，再次对他十多年前的相助表示感谢。他莞尔一笑，什么也没说。我立刻想到这才是真实的不言之教。

叶企孙：从好学生好老师好国民到大师与贤哲

叶企孙是一位好人，是中国人应该知道而大多数人还不知道的好人；许多人更不知道他好到什么程度，甚至因曾一度将他当作"罪人"，而使他成为许多人对不起的一位好人。他是清华大学物理系和理学院的创建者，是把清华大学办成一流大学的关键当事人。他培养出了众多科学家，二十三位"两弹一星"功勋奖章获得者中有近半数曾是他的门生，可谓"大师的大师"。他是中国物理学家和教育家，中国现代物理学奠基人之一，为中国的建设和发展做出了杰出贡献。

一、从好学生成为好老师

叶企孙，原名叶鸿眷，1898 年 7 月 16 日生于上海。他自幼聪颖过人，叶父景沄（1856—1935）便将更多期望和热忱倾注到他的身上。叶父从他三岁起即亲自启蒙，教以识字，教他背诵《三字经》《百家姓》《千字文》《千家诗》。

1902 年，叶父与黄炎培等奉派赴日本考察教育半年，归国后致力于创建新式学校。1905年3月1日（乙巳年正月二十六），叶母顾氏病逝。丧妻之痛使叶父身染重病，叶父于病中立下遗嘱，要求子孙"慎择友、静学广才、行己俭、待人恕、勿吸鸦片、勿奸淫、勿赌博、勿嗜酒、勿贪财"。叶企孙将这份立得有点早的遗嘱（叶父于1935年5月1日去世）视为父亲留给他的最宝贵遗产，一直精心珍藏并作为修身指南，遵嘱而行，一丝不苟地塑造自己的品格、涵养自己的情操。

与这样的言教相配合的还有叶企孙祖父叶佳镇（1828—1900）的七八千册藏书，以及碑帖、字画、古董，这些成为叶企孙幼年生活直接的感知对象，在他幼小的心灵中播下文化的种子。

1907年秋，九岁的叶鸿眷进入父亲曾就读此时又任校长的上海敬业高等小学堂（今上海市敬业中学），读高小一年级，接受西算、理化、博物等现代科学教育，感受先贤的敬业文化，乘上驶入中西文化汇聚之海深处的航船。他十几岁就读完《诗经》《礼记》《左传》等典籍，中西兼学，文理兼融。

有了成为好学生的外部条件，十几岁的叶企孙越来越多的作为显示他是一名好学生。1911年2月，他成为清华学堂招收的第一批学生。清华学堂因武昌起义停课后，1913年夏，叶鸿眷以叶企孙为名再次考入清华。清华学校开设的二十多门课程仍不能满足他强烈的求知欲，他在课余时间刻苦钻研并写出了《天学述略》，分八次在《清华周刊》上连载。1915年，刚满十七周岁的叶企孙俨然以成熟学者的姿态同校内外、国内外的出版或编纂机构打交道。他和商务印书馆、中华书局、《美国数学杂志》等国内外机构联系达十二次之多。

1915年暑假后，叶企孙开始参与创办"清华科学社"，并较长时间任管理职务，显示出他超群的才华和组织能力。叶企孙日记显示他阅读过大量算学、天文学等科学经典著作，以及中外文学著作。他曾写下"惜光阴，习勤劳，节嗜欲，慎交游，戒饮酒"以自勉，并将"至诚动金石"作为交友的要义。

叶企孙常常把各种古题用现代数学方法演算一遍。对于在演算过程中发现的问题或谬误，他凭自己的判断或推理予以指明，或加按语，有时还给予纠正，于是便有了1916年发表在《清华学报》第2卷第2期的论文《考正商功》。他还发表了《中国算学史略》《革卦解》等文章。他广泛涉猎，仔细辨别，比较分析，演算推理，精确判断，养成寻幽入微、严谨缜密等从事专业工作的基本功。

1916年11月，在出国留学前，他做了一件视野开阔的事。他列了一张自1909年第一次派遣出洋生至1916年留学生所选学科的分类表，分析后认为，在已去美国留学的清华学生中，学工程和文法的人数所占比例过高，学纯粹科学及教育和农学的人数所占比例过低，而他的条件不适合学农，因此他即将留学的方向应是纯粹科学与教育。这恰好与他选择当时正飞速发展的物理学方向一致。

1918年后,叶企孙先入美国芝加哥大学物理系,后转入美国东部的哈佛大学研究院杰弗逊(Jefferson)实验室,短短三年就攀上精确测得普朗克常数 h 值和高压磁性两座世界科学研究的高峰,以行动实现了自己所定下的"研究工作要有三十年不变"的目标。

学生时代的叶企孙就显现出作为杰出科学家所必须具备的灵性、远见卓识以及踏实作风。他不但用功读书,成绩优异,而且能求真正的学问,从书本或试验室里找到自己的快乐,认定做学问为终生的事业。这些基本素养是他日后成为好老师,成为众多大师之师的先在条件。

二、尽好老师职责做好国民

叶企孙在清华上学时就清晰地认识到:"学生当注重科学之理解,以探天地之奥窍,以谋人群之幸福。庶几国家日进于富强,而种族得免于淘汰矣。"这奠定了他对做好国民的认知基础。

叶企孙与当时大量赴欧洲以及美国、日本的留学生不同,他卓尔不群,不随大流,不走"学而优则仕"的道路或追逐经济利益,而是跟随现代物理学的名师做研究,既熟悉了最新科学成就及其研究方法,又站在了当代科学发展的前沿。回国后,他一方面与这批优秀的科学家保持联络,继续研究工作,紧跟世界科学发展潮流;另一方面挑选有天分的青年学生加以培养,再派他们到国外师从顶尖的科学家,从而造就了一批优秀的中国科学家梯队,使他们有能力创造性地跟踪世界科学前沿。

根据这一想法,叶企孙在东南大学小试牛刀,一年多就找到并培养出得意门生赵忠尧、施汝为,并将他们带到清华做助教。他们与叶企孙的另一位学生柳大纲后来都当选为中国科学院院士。

1925年,叶企孙到清华任教后,这一目标和方式更加清晰。1926年3月18日,震惊中外的"三一八"惨案发生。当晚,王淦昌与几名同学到叶企孙家中讲述了白天的血案,叶企孙神色激动地盯着王淦昌,一字一顿、低沉有力地对他说:"谁叫你们去的?!你们明白自己的使命吗?一个国家,一个民族,为什么会挨打?为什么落后?你们明白吗?如果我们的国家有大唐帝国那样的强盛,这个世界上有谁敢欺侮我们?一个国家与一个人一样,弱肉强食是亘古不变的法则,要想我们的国家不遭到外国凌辱,就只有靠科学!科学,只有科学才能拯救我们的民族……"说罢泪下如雨。叶企孙的激情与卓识感染了王淦昌,并成为王淦昌生命中最重要的东西,决定了他毕生的道路。

叶企孙到清华以建好物理系为立足点,与在美留学时就认识的陈寅恪、赵元任、吴宓保持密切联系。1926年4月29日,叶企孙任物理系教授兼系主任,接着任理学院院长、代理校长、校务委员会主席等职,包括抗战时期的西南联大在内,叶企孙在清华连续任教二十七年。

当时,与清华国学院四大导师相比,叶企孙资历稍浅。

叶企孙从自然科学角度对他们提出的文理会通、古今贯通、中西融通的教育理念加以理解,并具体化为学术并重、理工会通,理论与实验并重,在教学中实行。

清华物理系成立之初的教学条件远逊于叶企孙此前工作的东南大学,但叶企孙磁石般的教学把王淦昌和施士元从条件较好的化学系吸引到物理系来了。叶企孙向他们推荐看《居里夫人传》,引得施士元后来真的去读居里夫人的研究生。

1929年7月,叶企孙任理学院院长,确定"理学院之目的,除造就科学致用人才外,尚欲谋树立一研究科学之中心,以求国家学术之独立"。他发表演讲指出中国教育与科学的落后在于对科学的信仰不够,提出"纯粹科学和应用科学须两者并重",直言"有人疑中国民族不适宜于研究科学"的说法太没有根据,而"没有自然科学的民族,决不能在现代文明中立住"。

叶企孙千方百计延揽良师,曾谦虚地对学生说:"我教书不好,对不住你们。可是有一点对得住你们的,就是我请来教你们的先生个个都比我强。"这话展示了叶企孙自谦与坦荡的人格魅力。同时,他尽力让"教授治校""教授会"从原来的文字落实到办学实践,牵头形成专业团队抵制原外交部的过度官僚化的管理。在校长频繁更换、各方举棋不定之际,他最先提名梅贻琦为清华大学校长,经过反复争取,终获政府认可。

1931年,清华物理系总结出"科目之分配,则理论与实验并重,重质而不重量",每班专修物理者不超过十四人,尤其是执行"重质不重量"方针数年后成效显著。

叶企孙在担任庚款留学生选送工作中,探索出选拔人才的有效方法。从1933年的第一届到1944年的第六届,中美庚款留学生共录选二百三十四人,人数不多但成才率极高,半数以上后来都成为中国科学院院士,多数成为中国科技领域的开拓者和奠基人。他们引领中国部分科技领域进入世界前沿,对当时中国的抗战、世界反法西斯战争以及新中国成立后的国家建设和"两弹一星"的研制发挥了不可替代的作用。

叶企孙与志同道合的学生们共同奠定了中国的现代科教事业,并凭借顽强的团队式拼搏精神创造了奇迹。若从中国当时的生产力水平和国民的经济生活状况看,中国与欧美发达国家相比落后很多,但是从高科技领域考察,中国当时与最先进国家相比差距不大。

三、临危挺身做好国民

鉴于国家危难,叶企孙以各种方式尽责。1931年九一八事变后,作为清华教职员公会会长的叶企孙与同事先垫付千元汇至黑龙江"犒劳卫国战士",后与翁文灏将两人作为代理校长的两个月薪俸全部捐给教职员公会对日委员会。叶企孙根据国防需要,引导学生理解学好科技才是重要的救国之计,指导许孝慰、杨龙生毕业论文选择与方位测量器相关的课题，用以在军事上测定敌军炮位所在；指导学生学习无线电通信技术，开展军事技术训练；指导研究生熊大缜以《赤内光线照像之研究》作为论文选题，并使用红外照相技术拍摄了西山夜景、清华俯视全景（该技术可用于军事，在国内当时属首创，在国际上也属前沿）。

1937年冬，冀中军区中共组织到平津寻找和动员可靠知识分子去冀中抗日根据地协助解决医药、通讯以及杀敌武器等方面的问题。叶企孙最疼爱的学生熊大缜毅然投身此项工作。叶企孙不顾环境恶劣、汉奸与特务跟踪的危险，决定留在天津做熊的后盾，亲自投身秘密抗日活动，并组织数十位青年学生和科技人员自掏腰包为冀中抗日根据地提供物资和设备。为了购买炸药和无线电收发设备，叶企孙用尽自己的积蓄和人际关系在天津暗中募捐。这批技术人员到冀中即制成氯酸钾炸药、电引雷管和地雷，多次炸毁日军列车、桥梁，受到军区首长表扬。这些事迹因后来拍摄的《地雷战》电影而被家喻户晓，却很少有人知道真实的当事人是叶企孙、熊大缜等人。

1938年9月，叶企孙在天津从事地下抗日活动时被敌人发觉，随时都有被逮捕的危险，他不得不离津乘船南下经香港到昆明。他虽是羸弱书生，但并不缺少勇气；他本志于以科学、理性的方式创造一个更好的社会，但在外敌入侵之际没有退缩，而是挺身而出，用自己的专业和人脉演出一场书生上马击贼的惊险剧。这显示出叶企孙不仅是一位卓越的科学家、教育家，而且是一位不言政治、内心却充满责任感,具有强烈的爱国精神和正义感的志士。

四、发展核科技奠定大国影响力专业基石

叶企孙充分利用自己的专长,为国家发展各种尖端技术殚精竭虑。1929年2月,他邀请空气动力学家冯·卡门访问清华大学,以图创办航空工程专业。当时由于这一计划没有引起学校的重视而未能实现,后来他抓住机会派中国学生到冯·卡门门下求学。1932年夏,叶企孙又托在法国留学的学生施士元向其导师居里夫人购进五十毫克镭,装配到赵忠尧的核物理实验室供实验使用,这是中国最早使用镭做实验。

1934年,叶企孙辞去物理系主任一职,筹划建立几个与国防相关的特种研究所。农业研究所、无线电研究所、航空研究所相继建立。叶企孙还指导清华师生在校内和南昌先后建造风洞(1937年在南昌建成了比当时加州理工学院的风洞还大百分之五十的世界最大风洞)、金属研究所。叶企孙利用广博的知识和卓越的见识精心挑选和配置各研究所专家,既为国防服务,又开了中国大学科研与实际应用密切结合的先河,还能在国际前沿学术期刊发表论文,对中国各项先进技术的发展起到了关键的作用。

叶企孙和他的学生赵忠尧、王淦昌等人对核科技的追踪更显示出他们是好国民。1945年,叶企孙的好友萨本栋得悉美国邀请英国、法国、苏联、中国四个盟国派代表观

摩美国于6月30日举行的第一次原子弹爆炸演习。赵忠尧抓住这个跟踪原子能研究前沿的好机会，实地观看了原子弹爆炸试验，并凭借自己深厚的研究功底将目测数据记在脑海里，用萨本栋从国内秘密汇来的十二万美金加上自己秘密打工的钱购买原子能研究的关键设备。叶企孙则在国内追踪日本广岛原子弹爆炸的信息，请求拨款购买原子核物理设备，与学生钱三强及其夫人何泽慧等人筹建原子能研究所。赵忠尧于1950年8月底完成了购买零部件的工作，把它们散乱地装进二十多个箱子以迷惑检查，几经周折11月27日抵达香港。1955年，中国科学院近代物理研究所用赵忠尧带回的零部件建成中国第一台加速器，培养了一批批年轻的科技人员。1959年有人问王淦昌：在美苏严密封锁一切科技信息的情况下，中国自力更生实施"596工程"有没有把握，王淦昌充满信心地给予肯定回答。其底气就在于经过叶企孙多年经营，他的人才培养规划初见成效：王淦昌与"美国原子弹之父"奥本海默都是玻恩同一时期的学生，彭桓武20世纪30年代师从玻恩，程开甲与杨立铭1946年师从玻恩，黄昆1947年到爱丁堡大学跟玻恩做研究。叶企孙为中国成功研制原子弹、氢弹和卫星（"两弹一星"）奠定了科技人才基础，使中国在20世纪60年代成为科技领域有重要影响的国家。

叶企孙是中国"两弹一星"真正的鼻祖和奠基人，堪称"'两弹一星'之祖"。

五、在磨难中做好国民

晚年叶企孙在磨难中的表现更能见证他是一个好人。他作为熊大缜的老师陷入熊的冤案，被诬陷为特务，先后被揪斗、关押、抄家、停薪、到劳改队接受改造、关"牛棚"，终致受冤入狱，在身心受到折磨的情况下坚持不说假话，保护清白的王淦昌、钱三强等人。他对自己的遭遇淡然处之，不断买来新书，坐在藤椅上以读书为乐。他被迫做过的交代、检查、口供……归结起来只有一句话：我是科学家，我是老实的，我不说假话。

叶企孙的信心、责任感、眼光、勇气、大家胸襟，均显示出其不仅是旷世学术大师，而且是真诚、正直的谦恭君子和贤哲，这些品格与精神在他走进人生谷底的时候显现得更加清晰。简而言之，他既是一代宗师，又是旷世贤哲。

叶企孙真实的形象并未与其内在品质相称地屹立于世人心间，叶企孙的名字依然有意或无意在公开场合被淹没以至消失，他的通才教育、民主治校、学术自由等学术思想和观点尚未普遍惠及教育，他的精神、品德、风范和志节依然少有人能学到。

若有更多的人像叶企孙那样做学生、做老师、做人，社会就会变得更好。

六、成就大师之师

叶企孙一生所做的事就是把物理学移植到当时缺乏科学基础的中国来，在中国开花结果，增添中国人人格里科学实证的元素，培养一批科学顶尖人才，创建一流大学，生长出新的文明。

1925年5月，叶企孙回清华任教。1929年，叶企孙创建理学院并任院长，很快就使理学院成为当时清华最大也是最重要、最先进的一个学院，为中国培育出数以千计的理科人才。清华元老陈岱孙在《中国科技发展的真正开拓者，真诚的爱国者》一文中写道："在短短的几年时间内，清华从一所颇有名气而无学术地位的学校，一变而为名实相副的大学。在这一突变的过程中，应该说，理学院是走在前列的，而物理系是这前列中的排头兵。"叶企孙则是前列和排头兵的领导者。有人认为"1929年到1938年这十年间的清华物理系，是中国高教史上一个不朽的传说"。其间，清华物理系培养出一大批优秀人才和科学家，获院士称号的总计五十五人。他们成为20世纪下半叶中国科学发展的中坚力量，成才率之高实为历史罕见。

叶企孙意识到文明的发展不是孤立的，发展中国科学事业非一己或少数人之力所能成。他时刻瞄准世界各门学科发展前沿，重点关注中国的空白和薄弱学科，在中国发现合适的人才，鼓励并引导他们去相应学科的世界一流大学和科研机构研修或工作,同时吸引优秀教师到清华任教,从而让中国的科学工作尽快跟上世界发展的步伐。

他意识到文明发展需要对人的天性加以尊重,对学生的教育方法既要得当又要严格,突出"因材施教""重质不重量"的原则。基于对学生的深入准确了解,他把学生带到他们各自擅长的学科领域,重基础,重教学,注重开展科研,重视实验室建设,采取了符合人才成长规律的教育方法。

他意识到文明的发展需要尊重规律,在教育实践中,他摸索出大学实现育人目标的最佳方式就是教授治校。叶企孙在清华教授治校体制的建立上发挥了中坚作用,并两度代理校长。叶企孙和他的同事严格遵循议事规则,拒绝外行进入学校管理层,把不懂科学、不闻学术、不谙教育的人扫地出门。这一制度铸就了清华的"黄金十年",而且一直沿用到西南联大,创中国现代大学制度的范例。由于这一制度符合文明进步的条件,这一制度的建立也就为文明在清华找到生长点。

叶企孙对教学认真严谨,1952年院系调整后,清华物理系师生转入北京大学(校址在原来的燕京大学),叶企孙教几何光学。有一次他出了一道计算题,一条光线射到一个玻璃球上,这个玻璃球的半径和折射率都给了,要求出射光线。这道题很简单,可是班上大部分同学都算错了,叶企孙很严肃地说:"这个不行,你们学物理要认真,物理学是严格定量的科学,要算出准确的结果。"并要求学生们重算。大家只好认真对待，重算出正确答案，叶企孙这才满意。叶企孙常跟青年教师说："年轻的时候要努力，数学、物理上的难题要趁年轻的时候解决，年纪大了以后就不行了。"

叶企孙发现和培养了很多中国科学家，他们有：理论物理学家王竹溪、彭桓武、张宗燧、胡宁，核物理学家王淦昌、施士元、钱三强、何泽慧，力学家林家翘、钱伟长，光学家王大珩、周同庆、龚祖同，晶体学家陆学善，固体物理学家葛庭燧，地球物理学家赵九章、翁文波、傅承义，以及秦馨菱、李正武、陈芳允、于光远等；西南联大物理系学生黄昆、戴传曾、李荫远、肖健、徐叙瑢、朱光亚、邓稼先、杨振宁、李政道等，以及后期学生周光召、唐孝威、黄祖洽、胡仁宇、蒲富恪……二十三位"两弹一星"功勋奖章获得者中有半数以上曾是他的学生或学生的学生。

从教育视角看叶企孙，可用三个"最"概括。第一个"最"，他是教育感最强的教育家，教育感是对教育的专门知觉。教育感体现在叶企孙身上，一方面表现为他对学生洞察非常敏锐，他能够非常直接准确地感知到这个学生在哪方面有优势；另一方面表现为他对整个人类文明、科研的前沿感知非常敏锐，他能够依据学生的天赋将其引入前沿科学研究的殿堂。

第二个"最"，他的教育绩效最高，他获得的收效与他使用的资源、时间之间的比很高。在教育史上有很多人当过校长，但是总的比较起来，绩效都没有他高。

第三个"最",他的学生对中国的科技、社会文明发展贡献最大,这在中国20世纪找不到第二个人,在几千年的中国教育史上无出其右,在世界教育史上也属罕见。

叶企孙的学生陈芳允在《怀念叶师》一文中称这位敬爱的老师"献身科学,说得少、做得多,爱生知生;无私奉献,为祖国、为人民,清白一生"。对叶企孙生前好友和众多学生回忆他所使用的词进行统计后发现,使用频率较高的词是:光明正大、正直坦白、群而不党、襟怀坦荡、虚怀若谷、思想豁达、高风亮节、正人君子、大公无私、公正廉洁、志节高尚、理想远大、理性务实、缜密严谨、一丝不苟、真诚博爱、不温不火、宽厚和蔼、谦虚诚恳、知人善用、礼贤下士、平易近人、慷慨简朴、学问渊博、造诣高深、思想深邃、远见卓识、内向儒雅、文质彬彬。这些都是人类文明在叶企孙身上的体现。

经历大半生沉浮得失,叶企孙老年如此坦白温和,不求理解,不加责问,没有敌意,因为他的真正敌人是愚昧和权势。他的内心依然是人类文明的代言者,认为没有必要用野蛮的方式对待野蛮,他的行为似乎在告诉人们他早年日记中的话:"向前直进,毋灰心,毋间断。"

叶企孙是一个人与社会文明状态的试纸,尊重他将让所有的人活得更有尊严,创造力得到更充分发挥。

王义遒:"我俩说话投机,都非常佩服叶企孙先生"

在北大求学期间听过叶企孙先生讲课、曾任北京大学常务副校长的王义遒老师有句讲我俩关系的话很贴切:"我俩说话投机,都非常佩服叶企孙先生当年办清华物理系和理学院的业绩,视叶先生为教育工作者楷模。"

学习叶企孙先生弘扬大学精神而结缘

我与王老师的相聚与深交乃至"说话投机"有比较深的渊源。他比我年长三十二岁,他的阅历远超于我,在各方面都是妥妥的老师。我俩都曾经学物理,对大学精神和文化都十分关注。2002年,我决定选择大学精神作为自己的博士论文选题后,在检索文献时就拜读过王老师1995年参与杨叔子先生发起的"大学文化素质教育"活动写的一些关于大学文化方面的文章。我写的《中国大学精神的历史与省思》和《中国近代大学精神史》出版后,就有与此主题相关的一些活动将我与王老师邀集到一起,我从而有了向王老师直接学习的更多机会。

2015年5月23日至24日,清华大学教育研究院大学文化研究中心主办的"关于当代大学精神专著初稿研讨会暨大学文化研究分会筹备会",是我俩深度交往的一次关键活动。这次活动参加的人数少,便于大家直接交谈。后来成立的中国高等教育学会大学文化研究分会主要就是教育部原高等教育研究中心主任、大学文化研究与发展中心学术委员会主任王冀生,北京大学原常务副校长王义遒,清华大学原党委副书记胡显章等人发起的一个微小的学术圈子,他们有共同关注与研究的议题,我因从事大学精神的研究被认可而忝列其中。这次会议地点选在国家植物园边上的杏林山庄,除了会上研讨,会议间隙大家可到园中边散步边讨论。我们一起去了曹雪芹纪念馆、梁启超墓,于是大大加深了相互了解。

接着,为了筹建大学文化研究分会,我们又在清华大学校内等处多次开会。2017年4月8日至9日,中国高等教育学会大学文化研究分会成立大会暨大学文化高层论坛在清华大学召开。在成立仪式之后,大学文化研究分会举行了主题为"文化自信与大学之道"的大学文化高层论坛,大学文化研究与发展中心学术委员会主任王冀生、轮值主任胡显章、中心顾问王义遒,教育部社科中心主任王炳林,北京大学教育学院教授陈洪捷,天津大学党委副书记雷鸣,浙江师范大学教授眭依凡,中国科学院大学研究员孟建伟和我等近30位学者在高层论坛上做主题发言。

2017年3月,王老师直接参加我发起的一些活动。2016年,四川教育出版社出版了我写的《叶企孙画传》,

与我交往的不少人都觉得这是一件十分有价值的事，王老师就是其中之一。我们进而讨论如何传播叶企孙先生的教育思想和精神，让当下社会尤其是教育受益。我们决定于2017年3月20日在人民网做一次主题为"叶企孙对一流大学建设的启示"的访谈，访谈嘉宾就是王义遒老师、叶企孙侄子叶铭汉先生和我。叶铭汉先生1925年出生，1949年毕业于清华大学物理系，是中国工程院院士，著名物理学家。叶铭汉先生既是叶企孙的侄子，又是他的学生，对1949年叶企孙最终确定留在清华一事上发挥过一定作用。王义遒老师出生于1932年9月20日，1951年进入清华时，叶企孙先生是他的老师。1952年院系调整的时候，他跟叶先生一起从清华转入北大，对叶先生非常尊敬、佩服。王老师曾任北京大学常务副校长等职，是中国波谱学和量子频标领域知名专家。我则由于做教育家研究，经过反复筛选，感到叶企孙先生是中国少有的杰出教育家而对他进行了深入研究。我们三人年龄虽然差距较大，却关注到同样一件有价值的事。2017年正是叶企孙先生逝世四十周年，叶先生为我国高等教育发展做出了卓越贡献，我们围绕这一主题从推进教育家办学、教授治校等方面开展访谈，经过人民网传播，对于建设一流大学具有很强的借鉴意义。

这次访谈仅仅是前奏。2018年是叶企孙先生诞辰一百二十周年，2017年底我就与王老师交流过开展活动的想法，认为开展纪念叶先生的活动是丰富教育文化与思想，推动教育改进和社会文明进步的重要措施。我们以中华教育改进社为基本工作团队策划了三次讲座和一次大型论坛等系列活动。其中第二讲于5月20日举行，主题是"叶企孙与我"，叶企孙先生的学生、北京大学教授张之翔、戴道生、钟文定、王义遒做嘉宾主讲。第三讲于6月10日举行，主题为"叶企孙与一流大学建设"，由王义遒老师和十三届全国政协人口资源环境委员会委员、中国矿业大学副校长姜耀东主讲。

2018年7月16日是叶企孙先生诞辰一百二十周年纪念日。为了能让更多的人在周末参会，7月15日，中华教育改进社、东南大学、中国科学技术史学会、中国地球物理学会、建德市叶氏古文化研究会联合举办的"叶企孙与一流大学建设学术会议暨叶企孙先生诞辰一百二十周年纪念会"在北京大学中关新园召开。会议主题是传承大师精神，建设一流大学，理性文明做人，建设文明社会。叶企孙先生的学生、诺贝尔物理学奖得主李政道为纪念会题词："我的老师叶企孙先生曾经把清华大学办成全国一流，鼓励今天想办一流大学的人向他学习！"当日有北京大学原常务副校长王义遒、清华大学原党委副书记胡显章、中国科学技术馆原馆长王渝生、北京大学张之翔教授、北京大学钟文定教授以及夫人廖翠娟女士、北京大学戴道生教授及夫人方瑞宜女士（二位同是叶企孙先生的学生）、北京大学韩宝善教授及夫人郑德娟女士、高级工程师李炎午及夫人刘哲瑄女士、东南大学副校长周佑勇、中国科学史学会理事长孙小淳、清华大学物理系副书记薛平等来自全国各地对叶企孙先生敬仰的专家学者及叶氏宗亲代表一百八十余人参加了纪念会。叶铭汉院士和曾任叶企孙先生助教的北京大学教授赵柏林院士以视频方式发表讲话。全体参会者向社会发出"学习叶企孙做理性文明人"的倡议。王义遒老师在会上的讲题是《一流大学要为国家进步和人类文明发力》，我的讲题是《纪念叶企孙是为文明生长创造机会》。会后，科学出版社于2019年将会议论文精选以《文明的历程：怀念叶企孙》为书名出版，揭示叶企孙先生曲折的人生包含人类文明生成、发展、进步的多种样态，显示他为中国的文明进步和科学发展所做的巨大贡献，让人感悟到他是一个理性求真的老实人、文明人。这一活动进一步加深人们对人类文明进步条件和规律的认识，启发人们创造文明进步的条件，增加社会的文明元素，推动人类文明历程不断前进。

在教育改进上一起下功夫

王老师在给我的书写序时曾道："我与储先生有多次交往，还几次参加由他发起恢复重建的陶行知先生曾任主任干事的中华教育改进社的活动。"2017年12月23日，王义遒老师和中国人民大学教授张鸣作为特邀嘉宾参加了中华教育改进社在京召开的年会，王老师通过视频的方式做了题为《改进教育要靠全社会共同努力》的致辞，期待中华教育改进社能成为中国教育改进事业可依赖的专业资源。

2018年7月16日,王老师参加中华教育改进社举办的叶企孙诞辰一百二十周年纪念会后,又接着参与了改进社举办的青年教育改进者读书沙龙,就青年读书与人生选择议题做了报告,通过对话的方式给参与者提出建议,并说如果讲得不好可以鼓倒掌。

2019年,王老师答应成为中华教育改进社启动的良师引领项目专家。8月9日,八十八岁高龄的王老师在感冒了十多天刚好转的情况下,冒着酷暑,认真做了课件,向大家介绍叶企孙先生走上发展科学、教育之路的经历。他带来的科研成果具有深远的教育启示意义,能让人强烈感受到他对叶企孙先生教育理念和实践传承的期许。会后,我发微信向他表示感谢,他微信回复我:"我钦佩你为祖国教育奋斗之精神。"还给我寄来他的两本书《怎样做一名优秀的大学生》和《中国高等教育:多样化与教育教学质量》。

2019年12月22日,王老师到北师大参加了中华教育改进社年会暨教育改进论坛。得知我在会上做《我们离好教育有多远》的报告,王老师因着该题做了《好教育的体验与感悟》的致辞。王老师说,从2018年参加中华教育改进社举办的纪念叶企孙先生诞辰一百二十周年系列活动,到2019年举办杜威来华一百年纪念活动,更深刻地认识了中华教育改进社。王老师认为,中华教育改进社将教育界志同道合的有个性有方法的朋友们聚到一起共同讨论中国教育问题是非常值得称道的事。我在会上将安徽教育出版社出版的新书《向更好的教育改进》赠送给王老师等三位

中华教育改进社2019年会合影（前排左七为王义遒老师）

嘉宾。

2020年3月18日到3月25日，中华教育改进社举办了为期七天的家庭教育系列线上课堂，向广州南沙区大岗镇的儿童家长分享育儿知识。王义遒老师应邀做了《对孩子成长态度最重要，信仰是基础》的报告，我和其他专家围绕如何做好孩子的养育目标和路径规划、完善亲子沟通和语言表达方式、居家学习期间如何陪孩子做计划、如何运用思维导图进行亲子作业辅导等方面分享了方法与经验，引导家长在关注孩子学业的同时，更多关注孩子的身心健康和良好品格的养成。在线收听家长达到一千一百人次。

2020年7月20日至31日，中华教育改进社举办的主题为"教育改进的历史与当下使命"的暑期教育改进行知班在线上进行，国内外知名学者和大家进行了六次微分享和十二场专题报告。7月20日，我讲《向更好教育改进的理论与方法》；7月24日，王义遒老师讲《普及化下的中国高等院校多样化愿景》；其他报告人及讲题分别为：晓庄学院研究员王文岭讲《中华教育改进社的理想》，哥伦比亚大学教授程贺南讲《孟禄与中国现代教育改进运动》，加拿大西安大略大学教授、美国比较与国际教育学会会长李军讲《教育改进科学的创立与中国探索》，南京师范大学教授项贤明讲《从要素主义和进步主义的争论看学校教育的保守性及其改进》，南京师范大学教授李艺讲《可通达思维的教学目标与教育改进》，北京师范大学教授袁桂林讲《中国早期经典中的教育思想》，浙江大学教授吴华讲《民办教育发展前瞻》，北师大株洲附属学校董事长余年初讲《教育改进与教师自我改进》，苏州市特级校长柳袁照讲《改进学校先改进校长》。大家都讲出自己关于教育改进的最新最深刻的思考，国内外感兴趣的学者及中小学校长、教师四百七十余人报名参加线上学习。

2021年12月23日上午，中华教育改进社成立一百周年纪念会在线举行。中外学者一起庆贺这个在中国教育现代化进程中曾发挥重要作用的教育社团成立一百年，探讨更好实现"中国教育现代化2035"的路径，三千余人次在线参加会议。王义遒先生在致辞中对中华教育改进社成立一百年表示祝贺。他认为1921年中华教育改进社的建立是中国教育从近代进入现代的标志，老的教育基本上是为了改变人的身份，学而优则仕，读书做官；改进社的发起人蔡元培、黄炎培、陶行知等人要的是"工人、农民都是一律平等""打破将人分为三六九等"的平民教育,认为"教育培养劳动者,教育的目标首先是要养成一个健全的人格,培养一个普通的现代化国民",中华教育改进社一直沿着教育现代化的方向,把人的创造性和潜能发挥出来。我在会上做了《百年后教育更需要改进》的主题报告,呼吁大家一起不急不息继续参与教育改进。

共同的行程与强烈的共鸣

我和王老师在特定的历史机缘中有了一些共同的行程,仅就天津大学而言,在王杰教授的邀约下,我和王老师就有多次同行。2017年5月29日,天津大学王杰教授来函:"尊敬的储朝晖先生:在端午节来临之际,首先祝福您与家人安康幸福!今有一事麻烦您,天津大学出版社计划出一本《大学文化讲演集》,您的文章与王冀生、王义遒、胡显章三位的文章排在开篇,请您将2015年在我校讲座的讲稿发我邮箱,以便编辑出版。"2018年5月12日,天津大学首届大学文化高峰论坛召开,我与王老师同往。2019年5月24日,天津大学召开"新工科+文化"研讨会,我和王老师一起参加论证研讨。2020年10月23日,天津大学第二届大学文化高峰论坛召开,我和王老师又分别做报告。

2019年9月5日,中国教育科学研究院举行"新中国成立七十周年教育高端论坛",我首先想到的是请王义遒老师给参会的青年人讲一讲《新中国高等教育七十年发展与启示》，其他邀约的专家有华东师范大学教育系博士生导师单中惠、北京师范大学教育学部博士生导师郭齐家、华东师范大学教育高等研究院院长丁钢、南京师范大学教育理论与政策研究院院长项贤明，我自己也讲了一个主题。中国教科院院长崔保师出席论坛并致辞，来自各高校、教育研究机构的校长和教师八十余人参加论坛。王义遒老师在五十分钟内以丰富的亲身经历，介绍了新中国成立七十年来高等教育发展的成就与经验，指出教育研究要注重人文与科学相融合，发展高等教育需要进一步实质放权。我从供求关系角度分析了基础教育的发展历程和取得的巨大成就，提出了办人民满意的教育要落实到精准满足人民需求、把建立良性生态作为首要目标、相信平衡发展机制的作用。会后，一起来参会的丁钢教授说："王老师真大胆敢言！"

王义遒老师（左）到中国教育科学研究院
参会后与本书作者合影

2019年11月9日至10日,"清华会讲湖大行"在位于"朱张会讲"故地长沙的湖南大学举行。会讲以"大学之道与文明进步"为主题,设置了一场主题会讲和六场专题分会讲,来自韩国、日本、新加坡、越南、老挝、柬埔寨、马来西亚、中国等八个国家的百余位专家学者与会,受清华会讲学术委员会主任、清华大学原党委副书记胡显章老师邀约,王老师和我都参加了。我们参加的第一分会讲主题是"大学之道的探索与发展",由中山大学原党委书记李延保先生主持,先后做报告的有王义遒老师、南开大学原校长侯自新教授、天津大学大学文化与校史研究所所长王杰教授和我。王老师每次的讲稿都是认真准备的,讲后就被一些报刊发表。

查了我的电子邮箱,自2017年5月开始到2022年底,共有七十七封与王老师相关的邮件。微信往来难计其数,我俩常分享一些珍贵资料,讨论一些问题,沟通一些活动事宜。他常看我转发的文稿与采访,并点赞或留言:"引起了强烈的共鸣","谢谢朝晖,你真是知心人,这个题目改得好","我正在读你的书稿,已经读了三分之一,觉得有同病相怜之感"。不妨录一则王老师在2022年这个特殊年份中发来的微信:

2022年11月14日22点42分

朝晖,月初去了一趟武汉,一是在素质教育年会上有个报告,二是应华中科技大学教育学院之邀在

"大学之道"校长论坛上做个讲座。原定 7 日晚便可回京,就可细看你的新书了。谁知我到武汉后不久……送别了杨叔子院士,我跟他们夫妇还是高中的同学。……我们直到前天深夜才回到北京。昨天休息一下,今天开始读你的书,发现我们有很多观点相似。我以前文章也谈到对教育学的不满,但发表时关于这一段都被编辑删去了。大概认为我的观点荒谬。我刚读了开头,准备好好学习。我将在素质教育会议上的发言稿给你看看,有点相似吧!不过,我那时没有读过你的书,大概都是学物理的,有点共鸣吧!

我俩都认为"世界上最难的事就是教育"。我曾两次请王老师为我写的书作序,两次他都坚持看完全部书稿。我反复说:"您不用全看完,别太累了。"他坚定地说:"我应该读完的。"为了让王老师的宝贵想法有更大范围的传播,2022 年我曾推荐提名王老师为"寻找新时代中国杰出教育家行动"候选人,并提供了相关材料。后组织方与王老师联系,王老师婉拒,理由是:年岁已高,不便参与。

2022 年 12 月 15 日,我收到王老师让印刷厂直接寄给我的回忆录《昨夜星光:一介平士一辈子》(上、下册),这部包括大量珍贵图片的一千二百九十五页巨作,内容丰富,够我在很长的时间学习。

2023 年 7 月 16 日是叶企孙先生诞辰一百二十五周年纪念日,我和王老师因此进入更深的忘年交。

2022年底,我们就开始筹备会议纪念并宣传叶企孙先生,为科教兴国服务。在联系过程中,我们很快得到西交利物浦大学席酉民校长的支持。

2022年11月24日晚,我发微信告诉王老师:今天晚上我们开了个筹备会,准备明年7月16日在西交利物浦大学召开主题为"一流大学与一流教育家"的论坛,纪念叶企孙先生诞辰一百二十五周年,期待您和您认识的感兴趣的人参加。

2023年4月2日,王老师发来有关机构为他九十周岁生日拍的《"大先生"王义遒:不舍昼夜、追逐时间的人》视频链接,我看后回复:"王老师,整个看了,很好。今年我们仍准备召开纪念叶企孙先生诞辰一百二十五周年论坛,主题是'一流大学与一流教育家',希望您能参加!"他当即回复:"我正准备文章,因为过去已经写过几篇了,想综合一下,不会是全新的了。"我建议他从直接体验与理论总结方面展开,更有价值,并把他拉进筹备组的群里。王老师说:"将我拉进筹备组,是对我的抬举了。感谢啦!"

随后,王老师就一些细节问题跟我讨论过几次。5月2日,他发来用一个多月时间写的《当今建设一流大学,可以从叶企孙那里学到什么》长文,并附言:"朝晖,寄上关于纪念叶企孙先生的文章,由于觉得他的思想与实践太了不起了,所以洋洋洒洒居然写了二万五千多字,显然太长,可存文集,但如要我讲话,可以压缩到二十分钟。主要看看内容是否可以,只有最后一节牵涉目前建设一流大学的问题……请你指教,该如何修改?"

随后我们对文稿进行了讨论。5月4日,王老师发来微信:"我有个困惑的地方,就是一流大学应该是精英教育,但如果精英是高高在上的人,社会会很不公平。所以我很怕将一流大学与精英教育联系起来,但实际上必然是这样。由此我对叶企孙的人品特别崇拜,认为这是使精英们不是人上人的要诀,但是这点又说不太清楚,这是我写第三、四节的本意,因为第二节讲的主要是教学上的事。培养出来的只是学问上好却有可能成为精致的利己主义者。请你想想是否可以将第三、四节再琢磨一下改得更明确些?"我把自己的想法告诉他:"我理解是做有平等、服务意识的精英,这一点叶企孙与陶行知等人是一致的。"

5月10日,王老师将修改的稿子发给我道:"根据大家意见,我对纪念叶企孙先生的文稿做了大量修改,第三、四节几乎重写。文字比原稿缩减了近两千字。请各位再次审读,可以再次修改。谢谢啦!"

后来我担心他花太多的时间改稿身体吃不消,就回避与他讨论改稿的事。7月4日夜里11点58分,北京高温难耐,王老师再次发微信问我:"朝晖,我会上的文章还要修改吗?我讲的时候会大幅精简的,看时间安排。我走的时候最好跟你们一起,请立国同志安排一下。我是否是会上唯一跟叶先生打过交道的人了?叶铭汉、张之翔、赵柏林、戴道生等或因年纪与身体原因不能去了吧!"

7月5日早上5点40分,我回复:"王老师,文章先就这样吧。我因有个调查，要先去苏州两天，立国会陪您一起去。这次直接与叶企孙先生有师承关系的就您一位了。与叶铭汉、戴念祖先生联系过，均不能参会。"

王老师冒着酷暑到苏州参会成为所有人的关注点，他不仅激情满怀地讲，还在我们几次提醒他累了就休息时，坚持自始至终地听。特别是在"科学教育大家谈"的圆桌论坛环节，他对一些中小学的情况尤感兴趣。

会议结束后，7月17日一早王老师在会议群里说："感谢储朝晖先生、教育改进社同志和西交利物浦大学的努力，开好了这次大会，收获满满！"这话又使得我俩的交往进入新的境界。

学人小传

王义遒，1932年生，浙江宁波人。北京大学教授、博士生导师。1954年北京大学物理系毕业，1961年苏联列宁格勒大学物理系研究生毕业，获副博士学位（相当于现博士学位）。曾任北京大学教务长、副校长和常务副校长，以及教育部科技委副主任等职。曾被评为全国教育系统先进工作者，获2023年"最美教师"称号。主要研究领域为核磁共振、量子频率标准和激光冷却原子，曾研制成我国第一代原子钟。著有《量子频标原理》《原子的激光冷却与陷俘》《原子钟与时间频率系统》，译著有《原子与辐射的电磁相互作用》《原子：一种量子构件》《原子物理学进展通论》等。在高等教育管理方面的著作有《谈学论教集》《文化素质与科学精神》《文理基础学科的人才培养》《大学科学教育改革与发展》《中国高等教育：多样化与教育教学质量》《探索新型综合大学：王义遒教育文选》，并出版随笔集《湖边琐语》等书。

附录　好教师必须是智慧的

不少人已经朦胧意识到好老师是智慧的,事实上还有太多的老师缺乏教育与教学智慧,不明了智慧在教育中的独特作用与必要价值,因而有必要进一步明确好老师必须是智慧的。

古代先哲早就明白智慧而非知识或强化的训练对人的成长具有更重要的价值,中国古人所称的三达德"智仁勇"就将"智"放在首位,苏格拉底认为探求普遍知识的方法是基于智慧的"产婆术"。最近,一项对"好老师"的认知调查显示,学生选择"智慧"选项的只有被选最多选项"认真负责"的百分之十,占总被选量的百分之二点三;教师选择"智慧"选项的只有被选最多选项"道德高尚"的百分之十,占总被选量的百分之二点一。这意味着师生们都远未把智慧当作教育的重要因素,也未将智慧作为判定好老师的依据,甚至在一些地方的学校还偶尔出现反智现象。

或许只有智慧的人才明白智慧的价值所在并能有效运用智慧,不够智慧的人则无法看到智慧的价值,终生在不智慧的胡同里难以走出、难以觉醒。如果这样的人做教师,不只是耽误了自己,还会耽误他所教的学生及他们的家庭,甚至社会。所以，学生、家长、学校、教育管理机构乃至全社会都有必要走出短视与功利，形成"教师必须有智慧、好教师必须是智慧"的共识，并在教师招录、管理、评价中建立有效机制，发挥智慧对教育的不可缺少的作用。只有让真正智慧的人当教师，让教师选择智慧的方式开展教育教学，才能使人逐渐远离并摆脱愚昧，越来越智慧，才能使教育导引越来越多的人走上追求、创造与分享幸福的大道，才能使教育更加有利于民族复兴。

智慧的教师是化解教育难题的关键

智慧是一个人统摄各方面聪明才智，实现所确立目标的生命智能，是一种高级创造思维能力，包含对自然与人文的感知、记忆、理解、分析、判断、推理、辨别、创造、升华等综合能力，是人的各智力器官的综合终极功能，是生命的形而上的技能。

智慧体现为更好地解决问题的能力。毋庸讳言，面对当下教育在发展中产生的一些难题时，教师通常的选择是就问题解决问题，忽视了与该问题相关的主体——教师在一定程度上是这些问题的接收者，也是这些问题的生产者。在客观上存在问题的情况下，教师能否迅速准确地认识问题，判断问题的根源，并根据自己的实际减缓、化解问题是决定教育问题会不会积累与恶化的关键。智慧的教师能够明察秋毫、防微杜渐、化险为夷，他和他所处的教育环境中的问题就会越来越少，既有问题也不会产生超越范围与限度的不良后果；不智慧的教师则由于不能及时识别、判定问题所在，找不到有效解决办法，导致问题日益严重，反倒可能将问题当业绩，火上添油，使得问题积重难返。

对于一项政策，以智慧的方式对待需要经历分析、理解、判定、选择等过程，找到自己在该政策中的定位和适合自己所处情境的问题解决方式之后再施行，才可能用其利避其害。非智慧的方式就是层层全盘接受，不符合实际，盲目施行，其效果自然不会好到哪里，反而还会产生新的问题。

智慧的教师承担着传播知识、启发思想、引发学生探求真理的职责；缺少智慧的教师眼里所能看到或最关心的则是考试、分数、升学，难以改变短视化、功利化观念，从而导致师生不会思想，更难以迈上探求真理之路。智慧的教师应做到并能引领学生深刻地理解人、事、物，体验自己的内心以及与他人、社会、宇宙的关系，置身于现状、过去与将来的人类延续时空，学会思考、分析、探求真理。智慧的教师充分发挥教育的育人、自育、互育功能；缺乏智慧的教师则将教育异化为依据标准答案不断强化的单一训练，使得教育失去了活力，还会衍生新的教育问题，从而给学生的发展与成长造成难以弥补的损失。

智慧的教师所表现出来的了解与认识学生的能力、教学能力、自学能力、创造能力都不完全由知识与学历决定，尤其与偏僻分支的知识关系不大，反倒是与常理常识有更高的相关性。所以，现实中常有朴素的智慧者，虽然知识不多，学历不高，却通达透彻。面对多因多果的复杂系统中的教育问题，提升每位教师的智慧是化解问题、减少问题和避免新增问题的可持续发展策略。

学生成长与社会需求多样性亟须教师智慧应对

智慧是教师身上最具有弹性的变量，也是教师最有可能足智多谋、有效应对外部多样性需求的基本素养，是超越世俗认识更接近真理的能力。

教师的智慧主要用于两大方面：一是对具体鲜活的每个学生内心世界的认识、成长状况的感知、成长需求的了解，能像叶企孙发现李政道、钱学森那样，在平凡中预见神奇，并设法创造条件有效满足其成长需求；二是对社会历史、现状和未来发展，以及对人的人格、能力及相关需求的洞悉。这两方面都是多样的、变化的。在仅仅将"应教尽教"作为教学要求的时候，只需将知识传授作为教学的重心，对教师智慧的需求不高。当"学足学好"作为教育要求的时候，培养符合社会需求的健全的人成为教育的目标，学生与社会之间的需求与满足关系就变得多重复杂，教师更为重要的职责是指导学生将自身的优势潜能与对应社会的需求相互引导、促进、选择和满足。因此，智慧的教师需要采取与各个学生切合的个性化应对措施。

智慧的教师不仅自己有个性，还会尊重学生或他人的个性，善于找到智慧的方式培养学生，给学生更多的尊重和自主选择机会。这样一种过程就会触动并激发学生更好地运用并发挥自身的智慧，培养出更多更有智慧的学生。缺少智慧的教师往往不顾一切，一味按照自己确定的标准形塑学生，缺少对学生基本的认知和尊重，不注重培养学生独立自主的学习和生活能力，仅仅希望学生考高分，做对标准答案，最终使学生成为无法应变、缺乏创新精神的"标准件"。

智慧的教师自然会明了各种因素对于学生健康成长的价值，会放手让他们做自己学习的主人，引导他们独立前行，不断发展与协调智力和非智力系统。这样教育出来的学生才能依靠自己的努力学到立足于社会的本领，才能运用自己的学识、能力、远见创造自己的幸福，才能与他人共创、共享幸福，才能获得最有效最可持续的成长。

当然，智慧的教师不是为了减轻自身的压力而偷懒，而是在看得更多、更广、更远、更深、更细的前提下，审时度势后再择机行事，以更有效的方式方法培养学生。智慧的教师善于将自己的智慧与学生的智慧相碰，他们不会简单地听命于指令而不去对指令本身及其实施效果进行分析就盲目执行。

不确定性不断增长需要师生一起智慧地走向未来

智慧在内容维度表现为善辨是非，在时空维度体现为远见卓识。过去是智慧的镜子，未来只有透过智慧才能看得更清晰。面向未来，教师需要看清人类文明前进的方向，并引导学生也看清人类文明前进的方向。方向不对，功夫全废。看清方向，抬头乐学、乐干，才能真正减轻师生的负担，同时获得对个体与社会都有价值的良好收益。

智慧的教师不是将人类文明前进的方向以标准答案的方式告诉学生，而是引导学生学习历史，参与社会实践，验证证据，掌握分析、判断的方法，培养学生具有较强的生存能力，不断适应未来世界和未知环境。

自古至今，不确定性随着时代进步快速增长。自有教育以来，智慧就像乳汁一样，在养育人的同时也促进教育的健康发展，使人具有不断增长的能力去应对不断增长的不确定性，并从中获得快乐、方向与动力。智慧越发达，社会变化越迅速，人生就越能获得满足，这样的不断反馈所产生的结果是，智慧的人因为自己的选择越来越智慧，愚昧的人因为自己的错失越来越愚昧。

每个人，尤其是每位教师都不应在这样的选择面前迷失，而应该不断提升自己的智慧觉醒程度。没有人能给您智慧，必须自己去寻觅、追求。无论人的遗传智慧与获得智慧、生理机能与心理机能、直观与思维、意向与认识、情感与理性、道德与美感、智力与非智力、显意识与潜意识、已具有的智慧与智慧潜能等，都取决于当事主体是否能自主、自觉、清醒地运用。

对于教师而言，是否能达到智慧的境界不完全是由知识多少与学历高低决定的。智慧既是先天遗传的恩赐，也是后天体验与经验的结晶，智慧起源于愚昧的废墟上，不断淘汰自己的愚昧就会变得更加智慧。教师只有与学生一起智慧地相互砥砺，才能确保自己处于智慧的环境中，可持续发展下去。

简言之，随着时代的发展，好教师必须越来越智慧。

后记

在四十余年"扫地式"教育与社会调查中,切身感受到绝大多数人渴望遇到良师,而非遇到少数人和机构出于功利追逐与炒作的"名师"。良师往往无名、不名,他们所做出的社会贡献和所承担的社会责任常常不被注意,但他们就在每个人的身边,对个人成长和社会发展发挥着极为重要的作用。为了实现自己四十余年前确立的把教育办得更好的心愿,也为了满足更多人对良师的需求,同时倡导更多人认识、尊重、褒扬身边的良师,特将过去记叙自己身边良师的十余篇文章结集为《良师记》出版。

本书收录的是自己在人生不同时段所写的文章,大多公开发表过,表述风格、方式存在明显差异,为保持文章原貌,对其中主要观点和说法未做大的改动。另外,因写作时间不同,个别文章的情节前后略有重复,收入本书时也只做了一些必要的删节、数据更新和文字调整,可能仍有考虑不周之处。

由于本人眼睛不好,爱人胡翠红带病帮助整理书稿和搜集资料。安徽教育出版社社长费世平先生、副总编辑何客先生认同本人对良师的提倡,看重本书的社会价值,并将它列为出版选题,提出众多宝贵意见。邰旻老师做了大量细致的编校工作，才使本书得以出版。在此对所有为本书出版给予支持的人致以真诚感谢！

虽对全书做过多次修改，但书中仍不免有不当之处，敬请广大读者批评指正。

储朝晖

于 2023 年教师节